すべてを蒸したい
せいろレシピ

りよ子

Gakken

はじめまして。すべてを蒸したい、りよ子です。

この本を手に取っていただき、ありがとうございます。
あなたに出会えてうれしいです。

少し自己紹介をさせてください。
わたしは、せいろの魅力にとりつかれた OL。ゆるく続けられて体が整う、
かんたんなせいろレシピを Instagram で発信しています。

夫と 2 人暮らし、会社員生活で忙殺される日々の中、
癒しになってくれたのはせいろでした。
残業でクタクタになって帰宅した日、献立なんて思いつかないし何も考えたくない。
そんなときでも、お湯を沸かして、あり合わせの材料をせいろに入れて蒸すだけで、
おいしい夜ごはんが食べられる。

仕事が忙しくて不規則な生活になっても、
髪や肌のツヤと体型をキープできているのは、きっとせいろのおかげです。
せいろで蒸すと、野菜はカサが減るからモリモリ食べることができるし、
お肉は脂が落ちるので自然とヘルシーに。体も心も整えてくれます。

また、便利でハイテクなものにあふれた現代だからこそ、お湯を沸かして蒸気で蒸す、
というちょっとローテクな仕組みも、せいろの魅力です。
アナログな調理器具だけど、蒸しているときはほったらかしで OK なので、その間に、
お風呂の準備をしたり、読書したり、他のことに時間を使えるので、
効率のよさは最新機器にも負けてないのでは？ と思ったり（笑）。
もちろん湯気を眺めて、ただボーッとしているだけでも癒されます。

毎日のごはん作りは、考えなくていい、あるものでいい。
この本には、作りやすく、日常に寄り添うようなレシピを詰め込みました。
材料も、冷蔵庫にあるもの、近所のスーパーで揃うものばかり。
1 人でパパッと食べたい日、家族とおうちごはんを楽しみたい日、友人を家に招く日…、
キッチンに立って何を作ろうか迷ったら、ページをめくってみてください。

この本を手に取ってくださった方の暮らしが、少しでも穏やかで快適なものになったら、
心からうれしいです。

せいろを通して、あなたの暮らしが楽しくなりますように。

りよ子

知ってほしい！
せいろの魅力

「ただ蒸すだけで、なんでもこんなにおいしくなるなんて！」
時短もダイエットも美肌も、すべての願いをかなえてくれるせいろレシピ。
まるで魔法のような調理器具、せいろの魅力をご紹介します。

その1
調理もお手入れも
とにかくかんたん！

家にある食材を適当に切って、せいろに詰めて、10分ほど蒸すだけで、お腹も心も満たされる一品が完成します。クタクタに疲れて体力ゼロの日でも、材料を切ってお湯を沸かすだけなら、できそうでしょ？ しかも、ちゃんとおいしい、ちゃんとヘルシーなごはんが作れます。お手入れもさっと水で流すだけ！

その2
蒸すだけで
何でもおいしくなる

せいろは、金属製の蒸し器よりも、熱の伝わり方がやさしいのが特徴。さらに、木や竹などの天然素材は吸湿性があるので、ほどよく蒸気の量を調整してくれます。だから、食材の旨みを逃がさず、なんでもホカホカふわふわに蒸しあがる！ 野菜はしっかり甘くなるし、お肉やお魚はしっとりと旨みがあふれます。

その3
ヘルシーだから
ダイエット＆美肌にも

蒸すだけなので、基本的にはノンオイルでOK。油を控えたいダイエッターにもおすすめです。野菜をたくさん食べられるので、ヘルシーなのに満足感もばっちり。私は、毎日せいろで調理するようになってから、本当に肌の調子がよくなりました。人は食べ物でつくられているんだなって、しみじみと思います。

その4
見ているだけで
癒される

もう1つ、忘れてはいけないせいろの魅力は、その愛らしい佇まい。お湯を沸かしたお鍋の上にちょこんとのっている姿や、ふたを開けたときにほわっと立ちのぼる湯気など、見ているだけで癒されます。そのまま食卓に出せるのもうれしい！ 日々の食事が楽しみになること間違いなしです。

まずはここから
用意するもの

せいろ料理に絶対必要なものは…、せいろ。ですが、素材や大きさなど、さまざまなので「どれを買っていいかわからない」という方もいるのでは？初めてのせいろを選ぶポイント、最初に用意したいものをまとめて紹介します。

せいろ

おすすめは杉！ 本書では直径 21cm のものを使います

せいろの素材は、大きく分けて、杉、竹、ひのきの3種類。それぞれ素材の質感や香りが少しずつ異なりますが、蒸しあがりに大きな違いはないので、好みで選んで大丈夫。迷ったら、まずは値段も手頃で、香りのよい杉がおすすめです。サイズは直径18〜21cmが1段で1〜2人分に使いやすい大きさです。

せいろを買ったら最初にすること

せいろを買ったら、まず「空蒸し」をします。といっても、たいした手間はかからなくて、鍋にたっぷりのお湯を沸かし、空のせいろをのせて、中火で15分ほど蒸すだけでOK。100℃の蒸気で殺菌消毒し、細かい木のくずや汚れを落とします。そのときに立ちのぼる湯気は、本っ当にいい香り！ まるで森の中にいるように癒されますよ。あとは、かたく絞ったふきんなどで水けを拭いて、よく乾かしてください。

鍋&蒸し板
せいろとピッタリ合うサイズを用意

せいろをのせる鍋は、外径がせいろとほぼ同じサイズで、内側に段があるものを用意します。たっぷりのお湯を沸かすので、深さがあるもののほうがベター。ちょうどよい大きさの鍋がないときは、「蒸し板」を使うのも手。手持ちの鍋やフライパンに蒸し板をのせ、その上にせいろをのせて使います。

内側に段差があるのでそのままませいろをのせられる

手持ちの鍋にのせられる

段つき鍋を使う場合　　蒸し板を使う場合

耐熱容器
蒸し汁ごと食べたいときなどに

蒸し汁ごと食べたい料理の場合は、材料を耐熱容器に入れてから蒸します。サイズはせいろの直径より、ひと回り小さいものを使ってください。ぴったりすぎると蒸気がうまく回りません。

クッキングシート&さらし
せいろのくっつき & 汚れ防止に

脂の多い食材や味つけをした食材を蒸すときは、クッキングシートやさらしを敷きます。クッキングシートは、コンロの火が燃え移らないよう、せいろのサイズに合わせてカットしてください。蒸気が通りやすいように包丁などで穴を開けるか、少し隙間を空けて敷くこと。市販のせいろ用シートを使ってもOKです。レタスやキャベツ、もやしなどの野菜を敷き詰めるのもおすすめ。蒸した食材の旨みがしみ込んだ野菜ごと食べられるので一石二鳥です。

とてつもなく万能！さらしの使い方

さらしがあると、さらにお料理が楽しくなります！せいろに敷く以外にも、日々の台所仕事に大活躍。私は巾が広く、長いものを買って、使いやすいサイズに切って使っています。食品に触れるものなので無漂白の未ざらし木綿を選んでください。

こんなときに便利

・かたく絞ってラップの代わりに
・豆腐やヨーグルトの水きりに
・だしをこすときに
・コーヒーフィルターがわりに
・キッチンふきんに

切るときは

はさみでちょこんと1cmほど切り、手で左右へ一気に引っ張るとザザザーッと裂けます。

はじめて使う前は

重曹（食品グレードのもの）大さじ1を加えた熱湯で10分ほど煮沸します。水ですすぎ、かたく絞ったら準備完了！

難しくない！
せいろの使い方

せいろで作る蒸し料理って、手が込んで見えますよね。
私も、実際に使い始めるまでは、手間がかかるのでは…と思っていました。
でも、そんなことはありません！ここでは、めんどうなイメージを覆すべく、
基本的なせいろの使い方をご紹介します。驚くほどかんたんだから、ぜひ試してみて！

step 1　準備する

まずは、せいろをたっぷりの水で濡らします。水分を吸わせることで、せいろににおいや汚れがつくことを防ぎます。焦げ防止にも。

step 2　好みの食材を　　　　せいろに入れる

蒸してもあまり水分や油分が出ない食材を蒸すときは、そのまま直接せいろに入れてOK。せいろにくっついたり色やにおいが移ったりする可能性がある場合は、クッキングシートやさらし、野菜などを下に敷きます。器ごと蒸したいときは、耐熱容器を使いましょう。蒸しあがりは高温になるので、取り出すときは気をつけて！

step 3 蒸す

鍋の9分目ぐらいまで水を入れ、火にかけます。お湯が沸騰し、湯気が立ちのぼったら、せいろをのせて、そのままほったらかしで完成！高さがあるものを蒸すときは、せいろ2段を使い、上下をひっくり返したせいろを重ねてからふたをして。

step 4 お手入れ

使ったあとは、基本的にはお湯か水で湿らせた布をかたく絞ったもので拭くだけでOK。汚れがついたときは、水で流しながら、たわしやブラシでやさしく洗ってください。たわしは天然素材の棕櫚で作られたものがおすすめです。どうしても汚れがひどいときだけ、中性洗剤を使って洗います。そのあと、水でよくすすいで洗剤の成分が残らないよう流してください。

step 5 しまう

お手入れをして乾かしたせいろは、風通しのいい場所で保管してください。しっかり乾いたら、立てるか吊るして収納するのがおすすめ。せいろは見た目がかわいらしいので、キッチンに出しっぱなしでもごちゃついて見えないのもうれしいところです。

Contents

- 002 はじめまして。すべてを蒸したい、りよ子です。
- 004 知ってほしい！ せいろの魅力
- 005 まずはここから 用意するもの
- 008 難しくない！ せいろの使い方

Chapter 1
切って詰めて蒸すだけ！
せいろレシピ1週間
- 012
- 014 月曜日　からだ整いごはん
- 016 火曜日　ほっとやさしい鶏キャベ蒸し
- 018 水曜日　ソース蒸しそば
- 020 木曜日　エリンギ肉巻きと蒸し野菜
- 022 金曜日　蒸しサムギョプサル
- 024 土曜日　蒸し野菜と生野菜を堪能するパスタサラダ
- 026 日曜日　スティック温野菜ごまみそディップ
- 028 **こんなものも蒸しちゃう！**
  おもち／パン／冷凍うどん／缶詰／冷凍ハンバーグ／レトルトカレー

Chapter 2
なんでも蒸したい！
1年中せいろレシピ
- 034

<主菜>
- 036 じゅわっと蒸し鶏
- 038 タレにつけて食べる蒸し鶏串
- 039 鶏ひきと白菜の塩レモン重ね蒸し
- 040 独占したい大人の肉じゃが
- 042 かんたんなのに極上の豚バラと大根のミルフィーユ蒸し
- 044 みつばのふわふわ鶏団子
- 045 とにかくかわいいロールレタス
- 046 せいろですき蒸し
- 048 無限に食べたい麻婆春雨
- 049 蒸し回鍋肉
- 050 とろ～りチーズのせいろフォンデュ
- 052 さば缶トマト蒸し
- 053 鮭のバターしょうゆ蒸し
- 054 まるごとレタスのせいろ蒸し

<副菜>
- 056 なすのまるごと蒸し
- 057 ツナチー玉ねぎのまるごと蒸し
- 058 極みさつまいもサラダ
- 059 小松菜リボンの肉巻き
- 060 季節野菜の蒸し浸し
- 061 ドレスみたいな肉巻きミニトマト
- 062 きんぴらごぼう
- 063 しゃくしゃくのヤンニョムきのこ
- 064 明太クリチー詰めアボカドの牛肉巻き
- 065 まるごとかぶのえび詰め蒸し
- 066 蒸し豆腐のきのこあんかけ
- 067 とろたまあんかけ

<主食>
- 068 せいろでがっつりビビンパ
- 070 まるごとかぼちゃカレー
- 071 かぶの葉の混ぜごはん
- 072 たけのことみょうがの肉巻きおにぎり
- 073 シンプル卵チャーハン

<仕込みおき>
074 　常備したい。豚のしょうが蒸し
075 　牛肉とトッポギの韓国風蒸し
076 　激うま親子丼
077 　とろける豚丼

<おやつ>
078 　チーズプリン
080 　まるごとりんごの蒸すだけおやつ
081 　あんだんご

082 **Chapter 3**
　　一気に最大5品完成！
　　せいろで同時調理レシピ

084 　和風5品献立
086 　洋風5品プレート
088 　中華風5品献立
090 　アスリートのための3品弁当

092 　**せいろがなくても蒸したいレシピ**
　　あさりの酒蒸し／れんこんシュウマイ／豆腐シュウマイ／蒸し春雨サラダ

096 **Chapter 4**
　　バリエいろいろ！
　　せいろのかんたん定番レシピ

<点心>
098 　旨みあふれるきのこシュウマイ
099 　どかわいいとびっこシュウマイ
100 　かぼちゃシュウマイ
101 　とうもろこしシュウマイ
102 　普通の蒸し餃子
104 　ぷりぷり透明えび春巻き
105 　豚こまと大葉の蒸し棒餃子

<米粉の蒸しパン>
106 　はちみつ蒸しパン
107 　チーズ蒸しパン
108 　きなこ蒸しパン
109 　ふわもちねぎ蒸しパン

110 　食材別INDEX

レシピについて

・材料の分量は、レシピによって1人分、2人分、作りやすい分量などさまざまです。せいろ2段を重ねて、同じ料理を倍量作ったり、違う料理を同時に作ったりしてもOKです。その場合、レシピに表示されている蒸し時間プラス3分を目安に様子を見ながら加熱してください。

・計量スプーンは、大さじ1＝15mL、小さじ1＝5mLです。

・「ひとつまみ」＝親指、人差し指、中指の3本の指でつまんだ量、「少々」＝親指と人差し指の2本の指でつまんだ量です。「適量」＝料理に見合った適当な量、「適宜」＝入れても入れなくても好みでかまわないという意味です。

・蒸し時間は、ガスコンロで蒸気の上がった鍋にせいろをのせてから完成までの目安です。コンロの種類や食材の個体差、切り方の違いなどによって蒸しあがりが変わるので、様子を見ながら調整してください。

・各レシピの作り方では、野菜を洗う、皮をむくなどの手順は省略しています。

・特に記載がない場合、しょうゆは濃口しょうゆ、砂糖はてんさい糖、塩は天然塩、酢は穀物酢、みそは合わせみそ、バターは有塩のものを使用しています。てんさい糖がなければ上白糖など、好みのものを使っていただいてOKです。

Chapter 1

切って詰めて蒸すだけ！
せいろレシピ
1週間

遅く帰った日の晩ごはんも、在宅ワークのランチも、週末の晩酌やブランチも、全部せいろにおまかせ！ 忙しい毎日を支えてくれるのは、いつだって、好きな食材を切って詰めて蒸すだけのせいろごはんです。

Chapter **1**　せいろレシピ1週間

月曜日

Mon
Tue
Wed
Thu
Fri
Sat
Sun

お肉、野菜、卵、冷凍ごはん…、食べたいものを気の向くままにチョイスして、次々とせいろにIN。ボリューム盛り盛りでも野菜たっぷりだからヘルシー！なにより体にいいものを食べてるって感じが、自己肯定感をUPしてくれる。せいろ料理って本当に最高！

何も考えなくても、蒸すだけでとびきりおいしい

蒸し時間
中強火
15 min.

からだ整いごはん

味つけは潔く、塩、こしょうとオリーブオイルのみ！
それだけで十分なのは、食材のおいしさを引き出してくれるせいろ料理だから。

敷物
クッキングシート

材料（せいろ直径21cm・1段／1人分）

冷凍ごはん … 茶碗1杯分
卵 … 1個
鶏もも肉 … 80g
カリフラワー … 3〜4房
ズッキーニ（黄） … 1/2本
じゃがいも … 小1個
しめじ … 1/3パック
豆苗 … 1/3パック
ミニトマト … 2個
塩・こしょう・オリーブオイル … 各適量

作り方

1. 鶏肉と野菜は食べやすい大きさに切る。冷凍ごはんはラップを外す。
2. ごはんと卵はそれぞれクッキングシートに包んでせいろに入れる。空いているところに残りの野菜を詰め、その上に鶏肉をのせる。ふたをして中強火で15分蒸す。
3. 蒸しあがったら器に盛り、塩、こしょうをふり、オリーブオイルを回しかける。

カチカチの冷凍ごはんも

卵もそのまま

正直、野菜はなんでもいい（笑）

ぜんぶ同時に完成！

Chapter 1　せいろレシピ1週間

火曜日

Mon
Tue
Wed
Thu
Fri
Sat
Sun

さっそく残業になってしまった！ 帰ってすぐに2人分のごはんを作らねば！　今週も忙しくなりそうで、少し心がザワザワ…。そんな日は、やさしい味つけの料理が食べたくなる。最後にキャベツでふたをするのは、せいろを汚さないためのテクニック。これで後片づけもラクチン。

ほっこり癒されるやさしいみそ味

ほっとやさしい鶏キャベ蒸し

蒸し時間 中強火 **15** min.

使うお肉は鶏もも肉。蒸すとお肉の余分な脂が落ちて、
ふっくらヘルシーに仕上がります。キャベツの甘みがやさしい、ホッとする味。

敷物
クッキングシート

材料(せいろ直径21cm・1段/2人分)

鶏もも肉 … 200g
キャベツ … 1/2 玉
大葉 … 5 枚
みょうが … 2 個
白いりごま … 適量
A
| みそ・しょうゆ … 各大さじ2
| みりん … 大さじ 1

(作り方)

① キャベツはざく切り、大葉とみょうがはせん切りにする。鶏肉は皮を取り、一口大に切る。

② キャベツをひとつかみ分だけ残し、残りをクッキングシートを敷いたせいろに入れる。鶏肉をのせ、よく混ぜ合わせた **A** を回しかける。残りのキャベツをのせ、ふたをして中強火で15分蒸す。

③ 蒸しあがったら、ごま、大葉、みょうがを添える。

 ザクッザクッ
 甘めのタレがおいしい
 これでせいろのふたも汚れない
うやっうやのキャベツ…!

Chapter1　せいろレシピ1週間

水曜日

Mon Tue **Wed** Thu Fri Sat Sun

在宅ワークの今日のランチは、なんだか麺の気分！仕事の合間にパパッと作りたいから、粉末ソースつきの焼きそばに決定。せいろならノンオイルで作れるので、味が濃いめでも、ちょうどいい塩梅に。お皿ごと蒸すから、最後まで熱々なのもうれしい。食べすぎて午後はちょっと眠くなっちゃいそう…。

蒸すと麺がもちもち。
市販のソース焼きそばがレベルUP！

蒸し時間
中強火
7 min.

ソース蒸しそば

隠し味のみりんはぜひ加えて！ノンオイルのさっぱりとした味わいに、甘みとコクがプラスされ、食べ応えのある一品に。

敷物
さらし、耐熱皿

材料（せいろ直径21cm・1段／1人分）

中華蒸し麺（粉末ソースつき）… 1玉
ウインナーソーセージ … 2本
キャベツ … 2枚
玉ねぎ … 1/4個
にんじん … 4cm
ピーマン … 1個
みりん … 大さじ1
青海苔 … 適量

作り方

1. 野菜とソーセージは食べやすい大きさに切る。
2. せいろにさらしを敷いて耐熱皿を入れる。耐熱皿に中華蒸し麺、❶をのせて粉末ソースをふりかけ、みりんを回しかける。ふたをして中強火で7分蒸す。
3. 蒸しあがったら、麺と具材をよく混ぜ、さらしの両端を持ち上げて、皿をせいろから取り出し、青海苔をふる。

本日のスタメン

せいろに行ってらっしゃーい！

魔法の粉をフリフリ

よーく混ぜたら完成！

Chapter 1　せいろレシピ1週間

木曜日

Mon
Tue
Wed
Thu
Fri
Sat
Sun

肉巻きって、作るとき、無心になれるから好き。エリンギは手でさくと、お肉の旨みがじゅわっとしみておいしいんです。蒸すときは脂がせいろにつかないようキャベツなどの葉野菜を敷いてください。今週も残り1日頑張ろう〜！

野菜が甘すぎて驚く!

エリンギ肉巻きと蒸し野菜

蒸し時間 中強火 10 min.

コリコリとした食感も楽しいエリンギに、ジューシーお肉を
巻きつけて。サンチュに巻いたり、キムチをのせたりしてもおいしい。

敷物

キャベツなど好みの野菜

材料（せいろ直径21cm・1段／1〜2人分）

豚バラ薄切り肉 … 6 枚
エリンギ … 2 本
しいたけ … 2 個
ごぼう … 1/2 本
じゃがいも … 1 個
ズッキーニ … 1/4 本
長ねぎ … 1/2 本
ピーマン(赤) … 1/2 個
豆苗 … 1/3 パック
<塩ダレ>
　ごま油 … 大さじ 3
　塩・こしょう … 各適量

作り方

1. ごぼうは皮をむいて5cm長さに切ってから縦半分に切り、水にさらしてあく抜きをする。エリンギは手で縦3等分にさく。しいたけは軸を切り落とし、十字に飾り切りを入れる。じゃがいも、ズッキーニ、長ねぎ、ピーマンは食べやすい大きさに切る。豆苗は根元を切り落とし、半分の長さに切る。

2. せいろに好みの野菜を敷き、エリンギ1切れにつき豚肉1枚ずつを巻きつけてのせる。空いているところに残りの野菜を詰め、ふたをして中強火で10分蒸す。

3. 蒸しあがったら、よく混ぜた塩ダレを添える。

飾り切りでかわいくお化粧

お肉の下は葉野菜

野菜詰め詰め

蒸しあがりが楽しみ！

Chapter 1　せいろレシピ 1 週間

金曜日

Mon
Tue
Wed
Thu
Fri
Sat
Sun

やっと今週も終わった〜。乾杯したい今日は、我が家の金曜日の鉄板メニュー、サムギョプサルに決まり！ 切って蒸すだけなのに、食卓が華やかになるのもうれしい。かたまりのお肉って見ているだけでテンション上がっちゃう！ 大きめに切って、たっぷりの野菜で巻いて豪快にかぶりつくのが好き。

脂の多いお肉も蒸すとヘルシー

蒸しサムギョプサル

蒸すことで、脂が多いかたまり肉もさっぱりと食べられます。
下に野菜を敷けば、せいろも汚れず、お肉の旨みを吸っておいしくなる！

敷物
長ねぎ、キャベツなど好みの野菜

材料（せいろ直径21cm・1段／2人分）

豚バラかたまり肉 … 250g
にんじん … 1/2 本
エリンギ … 2 本
ししとう … 10 本
＜つけ合わせ＞
　塩ダレ (P.20)・
　　コチュジャン … 各適量
　サニーレタス … 5〜6 枚
　大葉 … 10 枚
　キムチ … 適量

作り方

① 豚肉は 1cm 幅、にんじんは食べやすい大きさに切る。エリンギは手で縦半分にさく。
② 好みの野菜を敷いたせいろに①、ししとうを入れ、ふたをして中強火で 15 分蒸す。
③ 蒸しあがったらつけ合わせを添える。

{ わああぁ…!　お肉!! }　{ 厚切りが好き }　{ 飲みたい気持ち高まる }　{ キムチのっけ }

Chapter 1 せいろレシピ1週間

土曜日

Mon Tue Wed Thu Fri Sat Sun

ついゆっくり寝てしまった…。今日のお昼は冷蔵庫にある食材を使ってパスタに。野菜を蒸すのと同時に下の鍋でパスタをゆでてみたら…これが大成功！蒸した野菜を生野菜に混ぜ合わせると、余熱でしんなりおいしく。野菜をたくさんとれて、私にとってパーフェクトなパスタ！

パスタも同時にゆであがり！

蒸し野菜と生野菜を堪能するパスタサラダ

蒸し時間 中強火 **7** min.

どんな組み合わせでもおいしいので、材料は深く考えなくても OK！
野菜をたくさんとりたいとき、冷蔵庫を整理したいときにもおすすめ！

敷物
さらし

材料（せいろ直径 21cm・1 段／2 人分）

ショートパスタ（ゆで時間 11 分）… 100g
にんじん … 1/3 本
さつまいも … 1/2 本
じゃがいも … 1/2 個
きゅうり … 1 本
かぶ … 1 個
パプリカ（赤）… 1/2 個
サニーレタス … 3 枚
ミニトマト … 4 個
A
 鶏がらスープの素・
  塩・酢 … 各小さじ 1
 こしょう … 適量
 オリーブオイル … 大さじ 3

作り方

① ミニトマト、サニーレタス以外の野菜といも類はすべて 1cm の角切りにする。さつまいも、じゃがいもはそれぞれ水にさらしてあく抜きをする。ミニトマトはヘタを取り、4 等分に切る。サニーレタスは食べやすい大きさにちぎる。

② 沸騰した湯に塩適量（分量外）を加え、中強火でパスタをゆで始める。さらしを敷いたせいろににんじん、さつまいもを入れ、ふたをして、パスタをゆでている鍋にのせて 7 分蒸す。パスタは、袋の表示時間通りにゆでてざるにあげ、湯をきっておく。

③ ボウルに②、残りの野菜を入れ、**A** を加えて和える。

野菜だけで満たされる〜

パスタはお鍋でゆでます

さらしからザザーッとボウルに入れて

生×蒸し×ゆで！

Chapter 1　せいろレシピ1週間

日曜日

Mon
Tue
Wed
Thu
Fri
Sat
Sun

休日が終わってしまうのが惜しいので、アニメでも見ながら少し夜更かししちゃおうかな？ 今日のごはんは冷蔵庫の残りを一掃できるこのレシピ。ディップソースは豆腐をベースに、少しヘルシーにしてみました。わさびやかつおぶしを加えてもおいしいです。ホワホワ野菜が止まらない！

冷蔵庫の余った野菜を一掃！

スティック温野菜 ごまみそディップ

蒸し時間 中強火 10 min.

さつまいもやかぼちゃなど、蒸してもやわらかくなりすぎない根菜類がおすすめ。トッポギなども入れると意外においしいです。

敷物
なし

材料（せいろ直径 21cm・1 段／2 人分）

じゃがいも … 1 個
ごぼう … 1 本
にんじん … 1/2 本
ズッキーニ … 1/2 本
大根 … 6cm
かぼちゃ … 1/4 個
＜ごまみそディップ＞
　絹豆腐 … 大さじ 3
　みそ・マヨネーズ … 各大さじ 1
　しょうゆ・みりん
　　・七味とうがらし … 各小さじ 1/2
　白すりごま … 適量

作り方

① にんじん、大根、ズッキーニはスティック状に切る。ごぼうもスティック状に切り、水にさらしてあく抜きをする。じゃがいも、かぼちゃはくし形切りにする。

② ①をせいろに詰め、ふたをして中強火で 10 分蒸す。

③ 蒸しあがったら、よく混ぜ合わせたごまみそディップを添える。

きれいに切れました

じゃがいもとかぼちゃがお花みたい!

気ままに詰めるだけ

ごまみそ優勝!

こんなものも蒸しちゃう

せいろで蒸すと
かたくなりにくい！

蒸し時間
中強火
5 min.

おもち

おうちで「おもちパーティー」はいかが？ 4種類の味を用意しておもちにつけていただきます。クッキングシートに油を塗っておくと、おもちがくっつかずスルッと取れる！

敷物　クッキングシート

材料（せいろ直径21cm・2段／2人分）

切りもち … 3個
サラダ油 … 少量
A ＜みたらし＞
　しょうゆ … 大さじ2
　みりん … 大さじ1
　砂糖 … 小さじ2
　片栗粉 … 小さじ1/2
　水 … 大さじ4
B ＜きなこ＞
　きなこ … 大さじ3
　砂糖 … 大さじ1〜2
C ＜塩バター＞
　バター … 8g
　塩 … ふたつまみ
D ＜磯辺＞
　海苔 … 1枚
　しょうゆ … 小さじ2

作り方

① もちは半分に切る。クッキングシートにサラダ油を薄くのばし、せいろに敷く。もちを並べ、ふたをして中強火で5分蒸す。

② Aは小鍋に入れて中火にかけ、ふつふつと全体に透明感が出るまで混ぜながら加熱する。Bはよく混ぜる。Cのバターは耐熱容器に入れて、別のせいろに入れ、①のせいろに重ねて1分蒸して溶かし、塩を加えてよく混ぜる。Dの海苔は、もちのサイズに合わせて切る。

③ 蒸しあがったら、A〜Dを添える。

う！ せいろがあれば、電子レンジやトースターはもういらない!?
冷凍食品やレトルト、パンなどの身近な常備食材が、
せいろで蒸すだけで驚きのおいしさに!

パン

スーパーやコンビニで買ってきたパンも、せいろで蒸すと、甘くてもちもちの高級食パンみたいに！直接せいろに入れるとパン生地がくっついてしまうので注意して。

敷物 さらし

材料（せいろ直径21cm・1段／1人分）

好みのパン … 適量

作り方

① さらしを敷いたせいろにパンを入れ、ふたをして中強火で5分蒸す。

蒸し時間
中強火
5 min.

いつものパンも
高級食パンみたいに
大変身！

冷凍うどん

冷凍うどんも、せいろで蒸すと手打ちうどんみたいにもっちりして、本当においしい！ねぎやしめじもいっしょに蒸して、仕上げにたっぷりの薬味を添えて。

敷物　クッキングシート

材料（せいろ直径21cm・1段／1人分）

- 冷凍うどん … 1玉
- 長ねぎ … 10cm
- しめじ … 1/3パック
- 梅干し … 1個
- 大葉 … 4枚
- しょうが … 大1片
- 白いりごま … 適量
- **A**
  - しょうゆ … 大さじ1/2〜1
  - ごま油 … 小さじ1

作り方

1. ねぎは斜め薄切りにし、しめじは石づきを落としてほぐす。大葉としょうがはせん切りにする。梅干しは種を取る。
2. クッキングシートを敷いたせいろに冷凍うどんを入れ、ねぎ、しめじをのせる。**A**を回しかけてしょうがをのせ、ふたをして中強火で7分蒸す。
3. 蒸しあがったら、梅干し、大葉をのせ、ごまをふる。

もっちもちでおいしい！

蒸し時間　中強火　**7** min.

熱々で
ウマッ

蒸し時間
中強火
10〜15
min.

缶詰

ふたを開けて缶ごとせいろで蒸すだけで、熱々のおかずに。料理する気力がないときも、冷凍ごはん、あり合わせの野菜といっしょに蒸すだけで、せいろ御膳（笑）が完成！

敷物　クッキングシート

材料（せいろ直径21cm・1段／1人分）

好みの缶詰（カレー缶、さば缶など）
　…1缶
冷凍ごはん…茶碗1杯分
好みの野菜（じゃがいも、玉ねぎ、
　ズッキーニ、春菊など）…適量

作り方

① クッキングシートを敷いたせいろに、ふたを開けた缶詰、ラップを外した冷凍ごはんを入れる。
② 好みの野菜を食べやすい大きさに切って、せいろの空いているところに詰め、ふたをして中強火で10〜15分蒸す。

つけ合わせも同時に完成！

蒸し時間 中強火 **20** min.

冷凍ハンバーグ

つけ合わせの野菜もいっしょに、凍ったままセイロに入れるだけ。
フライパンで焼くよりも、ふわっじゅわっと蒸しあがって、かんたんでおいしすぎ…！

敷物　クッキングシート

材料（せいろ直径21cm・1段／2人分）

冷凍ハンバーグ（非加熱）…2個
じゃがいも…1個
にんじん…小1本
ブロッコリー…4房
ミニトマト…2個
A
　ケチャップ・中濃ソース…各大さじ2
　しょうゆ・みりん…各大さじ1
　砂糖…小さじ1

作り方

① にんじんは縦6等分に切る。じゃがいもは皮つきのまま4等分にする。

② クッキングシートを敷いたせいろにハンバーグ、①、ブロッコリー、ミニトマトを入れる。よく混ぜ合わせたAを回しかけ、ふたをして中強火で20分蒸す。

レトルトカレー

レトルトに頼りたい日もあるけど、おいしさも栄養も見た目も譲れない。
野菜と冷凍ごはんをいっしょに蒸せば、おしゃれなカフェ風カレーに。

敷物 クッキングシート

材料（せいろ直径21cm・1段／1人分）

レトルトカレー … 1袋
冷凍ごはん … 茶碗1杯分
好みの野菜（じゃがいも、ブロッコリー、
　かぼちゃ、にんじんなど）… 適量

作り方

1. 野菜は食べやすい大きさに切る。
2. レトルトカレーは内袋のまませいろに入れる。冷凍ごはんはラップを外し、クッキングシートに包んでせいろに入れる。空いたところに好みの野菜を詰め、ふたをして中強火で15分蒸す。

蒸し時間 中強火 15 min.

野菜もとれるからレトルトでも罪悪感なし！

Chapter 2

なんでも蒸したい！
1年中せいろレシピ

お肉やお魚はふっくらしっとり、野菜は旨みや甘みがぐん と引き立つ！ ふだんは炒めたり煮たりして作る料理も、 せいろで蒸すと新しいおいしさを発見できます。寒い季 節だけでなく、365日楽しめるのもせいろの魅力！

Chapter 2　1年中せいろレシピ：「主菜」

パサパサ鶏むねからはもう卒業！

じゅわっと蒸し鶏

蒸し時間 中強火 10 min.

ゆでるとパサパサしがちな鶏むね肉の蒸し鶏も、
せいろで作ると驚くほどしっとり。
さっぱりとした梅塩ダレとの相性も抜群！

敷物

耐熱皿

材料(せいろ直径21cm・1段／1〜2人分)

鶏むね肉…1枚(400g)
長ねぎ(青い部分)…1本分
しょうが…1片
みりん…大さじ2
砂糖・塩…各小さじ1
＜梅ねぎダレ＞
　長ねぎ(白い部分)…1本分
　梅干し…1個
　塩・オリーブオイル…各適量

作り方

1. 耐熱皿に鶏肉を入れ、フォークで裏表両面に数カ所穴を開ける。砂糖、塩を半量ずつ両面にすり込み10〜15分おく。長ねぎは青い部分と白い部分に切り分ける。しょうがはせん切りにする。

2. ①の耐熱皿の鶏肉の上に長ねぎの青い部分、しょうがをのせ、みりんを回しかけて、せいろに入れる。ふたをして中強火で10分蒸し、ふたを開けてそのまま粗熱がとれるまで10〜20分おく。

3. 蒸している間に長ねぎの白い部分はみじん切りにし、梅干しは種を除いて叩き、塩、オリーブオイルをよく混ぜて梅ねぎダレを作る。②をキッチンばさみで食べやすい大きさに切り、タレを添える。

長ねぎ長すぎた

蒸しあがったら放置して小休止…

このタレがおいしい

豪快にチョキン！

Chapter 2　1年中せいろレシピ：「主菜」

せいろでアニメ映画の再現レシピ！

タレにつけて食べる蒸し鶏串

あのアニメ映画に登場する料理を再現！コップに入れたタレに
ドボンとつけて召しあがれ。ピーマンを長ねぎに替えてもおいしいです。

蒸し時間　中強火　10 min.

敷物　穴を開けたクッキングシート

材料（せいろ直径21cm・1段／2人分）
鶏もも肉 … 250g
ピーマン（緑・赤）… 各2個
A
　しょうゆ・みりん … 各大さじ3
　砂糖 … 大さじ2
　おろししょうが … 大さじ1
　おろしにんにく・
　　片栗粉 … 各小さじ1
　水 … 100ml

作り方

① 鶏肉は一口大に切る。ピーマンはヘタと種を除いて、一口大に切る。鶏肉とピーマンが交互になるように竹串に刺す。

② クッキングシートを敷いたせいろに①を並べ、ふたをして中強火で10分蒸す。

③ 蒸している間に鍋に**A**を入れて煮立たせる。とろみがついたら耐熱性のコップに注ぎ、蒸しあがった②に添える。

レモン香るさわやかな一品

鶏ひきと白菜の塩レモン重ね蒸し

豆腐を混ぜるとふわふわの肉だねに。シンプルな味つけですが、
蒸すことで旨みがぐっと増して、ちょうどいいバランスに。

蒸し時間 中強火 **10** min.

敷物 耐熱容器
　　　（13cm×13cm× 高さ3.5cm）

材料（せいろ直径21cm・1段／1～2人分）

白菜 … 3枚
ごま油 … 適量
レモン（くし形切り）… 1/8個

A
　鶏ひき肉 … 50g
　絹豆腐 … 50g
　塩 … ふたつまみ
　ごま油 … 大さじ1

B
　みりん・レモン汁
　　… 各大さじ1
　塩 … 適量

作り方

1. 白菜は5cm大の正方形に切る。ボウルにAを入れてよく混ぜ、肉だねを作る。
2. 耐熱容器に白菜を立てて並べ、間に肉だねを詰める。混ぜ合わせたBを回しかけ、レモンをのせて、せいろに入れる。ふたをして中強火で10分蒸す。
3. 蒸しあがったら、ごま油を回しかける。

Chapter 2　1年中せいろレシピ：「主菜」

ピリッと七味がアクセント

独占したい大人の肉じゃが

蒸し時間 中強火 **25** min.

せいろでじゃがいもと豚バラのポテンシャルを最大限に引き出す！
定番の家庭料理がワンランク上の味になり、感動すること間違いなしです。

敷物

クッキングシート

材料（せいろ直径21cm・2段／2人分）

豚バラ切り落とし肉…150g
じゃがいも…4個
しらたき…1袋
玉ねぎ…1/2個
七味とうがらし…適量
A
　しょうゆ…大さじ3
　みりん…大さじ2

作り方

① じゃがいもは皮つきのままませいろに入れる。ふたをして中強火で15分蒸す。

② 玉ねぎは薄切りにし、しらたきは食べやすい大きさに切る。クッキングシートを敷いたせいろに、玉ねぎ、しらたき、豚肉の順に入れ、**A**を回しかける。①のせいろの上に重ねてふたをし、さらに10分蒸す。

③ 蒸しあがったらじゃがいもを取り出し、やけどに注意しながら食べやすい大きさに切る。ボウルに入れ、②を加えてやさしく混ぜる。器に盛り、七味をふる。

皮つきがおいしい　　ここで味つけ！　　あちちっ　　やさしく混ぜて完成

Chapter **2**　1年中せいろレシピ：「主菜」

ふたを開けたらまるでお花が咲いたよう

かんたんなのに極上の豚バラと大根のミルフィーユ蒸し

蒸し時間 中強火 15 min.

たっぷり使うしょうがの量にびっくりするかもしれませんが、
蒸すと辛みが抜けてさわやかな風味に。
しょうがの代わりに大葉やトマトをはさんでも。

敷物
なし

材料（せいろ直径 21cm・1 段／2 人分）

豚バラ薄切り肉…250g
大根…1/3 本
まいたけ …1/3 パック
しょうが …4 片（60g）
<タレ>
　オクラ…3 本
　ポン酢しょうゆ…80ml

作り方

1. 大根としょうがは薄切りにし、豚肉は 5cm 幅に切る。
2. せいろの縁に沿って円を描くように、大根、豚肉、しょうがの順に並べていく。真ん中の空洞にまいたけを花びらのように詰め、ふたをして中強火で 15 分蒸す。
3. 蒸している間にオクラを粗く刻み、ポン酢につけてタレを作る。蒸しあがった❷にタレを添える。

なるべくきれいに切るぞ！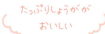
たっぷりしょうがが おいしい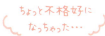
ちょっと不格好に なっちゃった…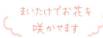
まいたけでお花を 咲かせます

Chapter 2　1年中せいろレシピ：「主菜」

ふわふわジューシー

みつばのふわふわ鶏団子

パサパサになりがちな鶏団子も、はんぺんを加えると肉汁が逃げず、
ふわふわの食感に。しょうがをきかせて和風なお味に仕上げました。

蒸し時間　中強火 10 min.

敷物　もやしなど好みの野菜

材料（せいろ直径21cm・1段／1～2人分）

鶏むねひき肉…100g
はんぺん … 大1枚
みつば…2株
しいたけ…2個
しょうが…1片
みりん…小さじ1
塩・七味とうがらし…各小さじ1/4
ポン酢しょうゆ…適宜

作り方

① みつばは1cmほどのざく切りにし、しいたけは粗く刻む。しょうがはせん切りにする。

② ボウルにすべての材料を入れ、はんぺんを握りつぶすように揉みながらよく混ぜ、6～8等分する。

③ 好みの野菜を敷いたせいろに②をスプーン2本を使って、丸めながらおき、ふたをして中強火で10分蒸す。器に盛り、好みでポン酢を添える。

中からトマトがじゅわっとおいしい！

とにかくかわいいロールレタス

キャベツで作るよりシャクッと噛み切れて食べやすいロールレタス。
肉だねの中に隠したミニトマトが味のポイント。

蒸し時間 中強火 17 min.

敷物 　クッキングシート

材料（せいろ直径21cm・2段／2人分）
レタス…外側から6枚
豚ひき肉…150g
玉ねぎ…1/4個
ミニトマト…6個
A
　ケチャップ…大さじ4
　おろししょうが…大さじ1
　おろしにんにく…小さじ2
　しょうゆ…小さじ1
　鶏がらスープの素…小さじ1/2
　塩…小さじ1/4
　こしょう…少々

作り方

① 玉ねぎはみじん切りにしてボウルに入れる。豚ひき肉、Aを加えてよくこね、6等分にする。

② レタスはせいろに入れ、ふたをしてしんなりとするまで中強火で2分ほど蒸す。

③ やけどしないように注意しながらレタスを取り出して広げ、中心に①、ミニトマトをのせ、中身がはみ出ないように折りたたむ。せいろ1段につき3個ずつ並べ、ふたをして中強火で15分蒸す。

Chapter 2　1年中せいろレシピ：「主菜」

焼くより手軽に"すき焼き風"が楽しめる

せいろですき蒸し

蒸し時間 中強火 10 min.

ちょっといいお肉が手に入ったら作りたいレシピ。
いっしょに蒸す野菜は、お好みで季節の野菜を選んでください。

敷物
クッキングシート

材料（せいろ直径21cm・2段／2人分）

牛すき焼き用肉…4枚
木綿豆腐…1丁
しらたき…1袋
水菜…1束
しいたけ…2個
卵…2個
A
　しょうゆ…大さじ3
　みりん…大さじ2
　砂糖…小さじ1
　塩…小さじ1/4

作り方

1. 豆腐は4等分、水菜は5cm長さに切る。しいたけは石づきを取って十字に飾り切りを入れる。
2. クッキングシートを敷いたせいろに❶としらたきの半量を詰めて牛肉2枚をのせ、よく混ぜ合わせた**A**の半量を回しかける。同じものをもう1段分作る。2段を重ね、ふたをして中強火で10分蒸す。
3. 蒸しあがったら、割りほぐした卵を添える。

手まで切らないように…

しらたきデローン

かんたんなのにていねいに見える

たっぷりつけていただきます

Chapter 2　1年中せいろレシピ：「主菜」

ピリ辛がクセになる！

無限に食べたい麻婆春雨

ひき肉のかわりに切り落とし肉を使うのでボリュームも満点。
せいろ蒸しなら春雨を水で戻す必要もありません。

蒸し時間　中強火　**10** min.

敷物　クッキングシート

材料（せいろ直径21cm・1段／2人分）

春雨… 60g
卵… 2個
豚バラ切り落とし肉
　… 60g
にんじん… 1/3本
長ねぎ… 1/3本
もやし… 30g
にら… 3本
にんにく… 2片
しょうが… 1片
ごま油… 小さじ1

白いりごま… 適量
A
水… 大さじ4
みりん… 大さじ2
鶏がらスープの素
　… 小さじ1 1/2
しょうゆ・豆板醤
　… 各小さじ2

作り方

① にんじんは細切り、長ねぎは3cm長さの斜め切り、にらは3cm長さに切る。にんにくとしょうがはみじん切りにする。

② クッキングシートを敷いたせいろに春雨を入れ、野菜をのせて、ふたをするように豚肉を重ね、混ぜ合わせたAを回しかける。クッキングシートの外側に卵を入れ、ふたをして中強火で10分蒸す。

③ 蒸しあがったら卵を取り出し、全体をよく混ぜ合わせてから器に盛る。卵は殻をむき、半分に切って皿にのせる。ごま油を回しかけ、ごまをふる。

野菜がシャキシャキおいしい

蒸し回鍋肉

蒸すことで野菜の旨みを最大限に引き出した回鍋肉。野菜の
シャキシャキ感を楽しむため、蒸しすぎないことがおいしく作るコツ。

蒸し時間
中強火
10 min.

敷物 クッキングシート

材料（せいろ直径21cm・1段／2人分）
豚バラ薄切り肉…150g
キャベツ…3枚
ピーマン…2個
長ねぎ…15cm
A
　しょうゆ・みりん…各大さじ1
　甜麺醤…小さじ1 1/2
　みそ・おろしにんにく…各小さじ1
　砂糖…小さじ1/2

作り方

1. キャベツは3cm四方、豚肉は5cm幅に切る。ピーマンはヘタと種を除き一口大に切る。長ねぎは3cm長さの斜め切りにする。
2. クッキングシートを敷いたせいろに①を詰めて混ぜ合わせたAを回しかけ、ふたをして中強火で10分蒸す。全体をよく混ぜ合わせ、器に盛る。

Chapter 2　1年中せいろレシピ：「主菜」

熱々のチーズを野菜にたっぷりつけたい！

とろ〜りチーズの
せいろフォンデュ

蒸し時間 中強火 7 min.

カラフルな具材を選ぶと、より見た目が華やかになってテンションが上がります。
焦げやすいチーズフォンデュも、せいろで蒸すと最後までとろ〜り。

敷物

クッキングシート

材料（せいろ直径21cm・1段／2人分）

カマンベールチーズ…1個
ウインナーソーセージ…4本
じゃがいも…1個
ブロッコリー…5房
パプリカ(赤)…1/2個
カリフラワー…5房
かぼちゃ…1/8個
塩…小さじ1/4
こしょう…適量

作り方

1. 野菜はそれぞれ食べやすい大きさに切る。
2. チーズは小さめに切ったクッキングシートにのせ、せいろの中央に入れる。残りの材料をまわりに詰め、ふたをして中強火で7分蒸す。
3. 蒸しあがったらチーズの上面にナイフを入れて、固い部分をはがし、塩、こしょうをふる。具材をチーズにつけながらいただく。

主役は真ん中！

なんでも詰めちゃえ

チーズのかたい部分ははがして

たっぷりつけて召しあがれ

Chapter 2　1年中せいろレシピ：「主菜」

缶詰もせいろで蒸せばふんわりとろり

さば缶トマト蒸し

脂ののったさばとトマトのフレッシュな酸味がマッチ！
洋風に仕上げた、お酒にも合うおしゃれな一品。

蒸し時間　中強火 10 min.

敷物　クッキングシート

材料（せいろ直径21cm・1段／2人分）
さば水煮缶…1缶
トマト…1/2個
大葉…1枚
しょうが…大1片
みりん…小さじ1
塩…小さじ1/2
こしょう…適量

作り方

① さば缶は汁けをきる。トマトはくし形切り、しょうがはせん切りにする。

② クッキングシートを敷いたせいろにさば、トマトを入れ、しょうがをのせてみりんを回しかけ、塩をふる。ふたをして中強火で10分蒸す。

③ 蒸しあがったら皿に盛り、大葉を手でちぎりながらちらし、こしょうをふる。

バター×しょうゆの黄金コンビ

鮭のバターしょうゆ蒸し

パサパサになりがちな鮭の切り身もせいろで蒸すとふっくら！
冷凍の鮭を使う場合は蒸し時間を5分プラスしてください。

蒸し時間 中強火 **15** min.

敷物 クッキングシート

材料（せいろ直径21cm・1段／1人分）

塩鮭…1切れ
チンゲン菜…1/2株
まいたけ…1/2パック
玉ねぎ…1/4個
バター…8g
しょうゆ…大さじ1/2

作り方

1. 玉ねぎは薄切りにする。チンゲン菜は縦半分に切る。
2. クッキングシートを敷いたせいろに玉ねぎを入れて、鮭をのせ、空いているところにチンゲン菜、ほぐしたまいたけを詰める。
3. バターをのせてしょうゆを回しかけ、ふたをして中強火で15分蒸す。

Chapter 2　1年中せいろレシピ:「主菜」

ひとりで1玉ペロッといけちゃう

まるごとレタスのせいろ蒸し

蒸し時間 中強火 5 min.

我が家の超レギュラーメニュー。蒸したレタスの独特な
食感がクセになる！大根おろしをたっぷりかけるとおいしいです。

敷物
なし

材料（せいろ直径21cm・1段／1人分）

豚バラ薄切り肉…100g
レタス…1玉
大根…6cm
ポン酢しょうゆ…適量

作り方

1. レタスは手でちぎりながらせいろに入れる。ちぎったレタスの隙間に豚肉をはさみ込み、ふたをして中強火で5分蒸す。
2. 蒸している間に大根をすりおろす。蒸しあがったら器に盛り、大根おろしをのせ、ポン酢しょうゆを回しかける。

レタスどーん！

豪快にちぎります

豚肉をはさんで

蒸すとカサが減ってこんな感じ！

Chapter 2　1年中せいろレシピ：「副菜」

ふわとろじゅわっ

なすのまるごと蒸し

熱々で食べるのも、冷やして食べるのも、どちらもおいしくて
迷ってしまう……。なすは色移りしないよう皮をむいてから蒸します。

蒸し時間　中強火 **15** min.

敷物　さらし

材料（せいろ直径21cm・1段／2〜3人分）
なす…3本
＜香味ダレ＞
　長ねぎ… 10cm
　しょうゆ…大さじ2
　おろししょうが…大さじ1強

作り方

① なすは皮をむき、10分水にさらす。その間に長ねぎはみじん切りにしてボウルに入れ、しょうゆ、おろししょうがを加えてよく混ぜ、香味ダレを作る。
② さらしを敷いたせいろになすを入れ、ふたをして中強火で15分蒸す。
③ 蒸しあがったら器に盛り、タレをかける。

食材をまるごと蒸せるのもせいろの魅力

ツナチー玉ねぎのまるごと蒸し

玉ねぎをまるごと蒸す、見た目も楽しい料理。
ツナとチーズの組み合わせは間違いのないおいしさ！

蒸し時間 中強火 **25** min.

敷物　クッキングシート

材料（せいろ直径21cm・1段／2～3人分）
玉ねぎ…3個
ツナ缶…2缶
かつおぶし…1袋（2g）
A
| とろけるチーズ…15g
| しょうゆ・マヨネーズ…各大さじ1
| こしょう…適量

作り方

1. 玉ねぎはヘタの部分を水平に切り落とす。さらに上部を1cmほど切り落とし、飾りぶた用にとっておく。
2. 玉ねぎの底が抜けない程度に中身をスプーンでくりぬき、粗く刻む。ボウルに玉ねぎの中身、油をきったツナ、**A**を入れてよく混ぜる。
3. くりぬいた玉ねぎに**2**をギュッと押しながら詰める。クッキングシートを敷いたせいろに並べ、空いたところに飾りぶたを入れる。ふたをして中強火で25分蒸す。
4. 蒸しあがったら器に盛り、かつおぶしをのせる。

ねっとり甘さが際立つ！

極みさつまいもサラダ

さつまいもはせいろで蒸すことで甘さが際立ちます。
ほくほくの食感が残るよう、つぶしすぎないほうがおすすめ。

蒸し時間 中強火 **25** min.

敷物 さらし

材料（せいろ直径21cm・1段／2人分）
さつまいも…中1本
卵 …2個
ベビーチーズ…2個
A
　マヨネーズ・白いりごま…各大さじ2
　塩…小さじ1/2

作り方

1. さつまいもは1cm幅の輪切りにし、水にさらしてあく抜きをする。ベビーチーズは6等分に切る。
2. さらしを敷いたせいろにさつまいもを入れて、さらしの外側に卵を入れ、ふたをして中強火で蒸し始める。10分経ったら卵を取り出して冷水にとり、殻をむいておく。さつまいもはもう15分蒸す。
3. ボウルに蒸しあがったさつまいも、卵を入れ、熱いうちに軽くつぶす。ベビーチーズ、Aを加えて混ぜ合わせ、器に盛る。

リボンみたいに結んでかわいく

小松菜リボンの肉巻き

つい欲張って具材をたくさん包んだらちょっと大きめサイズに（笑）。
えのきのしゃくしゃくした歯応えも楽しい肉巻きです。

蒸し時間 中強火 10 min.

敷物　穴を開けたクッキングシート

材料（せいろ直径21cm・1段／1〜2人分）

小松菜…1束
豚もも薄切り肉…5枚
にんじん…1本
えのきたけ…1/2袋
A
　コチュジャン・ごま油…各小さじ2
　しょうゆ…小さじ1
　酢・砂糖…各小さじ1/2

作り方

1. 小松菜は根元を切り落とし、外側の5本をせいろに入れ、ふたをして中強火で3分蒸す。
2. えのきは半分に切り、にんじんはえのきと長さを揃えてせん切りにする。残りの小松菜もえのきと同じ長さに切る。
3. 豚肉を広げ、❷の1/5量をのせて巻き、❶を1本巻きつけて結ぶ。同様に全部で5個作り、クッキングシートを敷いたせいろに並べ、ふたをして中強火で7分蒸す。
4. 蒸しあがったら、器に盛り、よく混ぜたAを添える。

Chapter 2　1年中せいろレシピ：「副菜」

油を使わないからよりヘルシー

季節野菜の蒸し浸し

お肉や野菜をまとめて蒸して漬け汁に浸すだけで完成！
作りおきにおすすめです。

蒸し時間　中強火 **10** min.

敷物　穴を開けたクッキングシート

材料（せいろ直径21cm・1段／作りやすい分量）

鶏むね肉…100g
ミニトマト…5個
紫玉ねぎ…1個
なす…1本
にんじん…1/2本
とうもろこし…1/2本
ズッキーニ（緑・黄）
　…各1/2本

A
　長ねぎ…10cm
　大葉…4枚
　水…80ml
　しょうゆ…大さじ3
　みりん…大さじ2
　酢…大さじ1 1/2
　おろししょうが・ごま油
　　…各大さじ1
　砂糖…小さじ1
　七味とうがらし…小さじ1/4

作り方

① 鶏肉と野菜は食べやすい大きさに切る。

② クッキングシートを敷いたせいろに①を入れ、ふたをして中強火で10分蒸す。

③ Aの長ねぎと大葉は粗く刻んで保存容器に入れ、残りの材料を加える。蒸しあがったら熱いうちに保存容器に加え、冷ましてから冷蔵庫で半日以上おく。

※保存期間は冷蔵で3日間程度。

トマトがじゅわっと弾ける

ドレスみたいな肉巻きミニトマト

お肉と野菜をドレスに見立ててトマトに巻きつけました。
野菜を塩水につけると、しんなりして折れずにうまく巻けます。

蒸し時間
中強火
10 min.

敷物 穴を開けたクッキングシート

材料（せいろ直径 21cm・1 段／1〜2 人分）

豚バラ薄切り肉…7 枚
ミニトマト…7 個
なす…1 本
にんじん…1/2 本
ズッキーニ（緑・黄）…各 1/2 本
オリーブオイル…大さじ 2
塩…小さじ 1/2
こしょう…適量

作り方

1. なすは包丁で薄くスライスし、にんじんとズッキーニはピーラーでスライスする。水を張ったボウルに塩大さじ 1（分量外）を加え、しんなりするまで野菜をつけておく。
2. 豚肉、ズッキーニ、なす、にんじんの順に重ね、端にミニトマトをおく。くるくるとミニトマトを転がすように巻き、巻き終わりを爪楊枝で刺して留める。
3. クッキングシートを敷いたせいろに❷を並べ、ふたをして中強火で 10 分蒸す。
4. 蒸しあがったら器に盛り、オリーブオイルを回しかけ、塩、こしょうをふる。

Chapter 2　1年中せいろレシピ：「副菜」

シャキシャキ食感に夢中

きんぴらごぼう

いつもはフライパンで炒めて作るきんぴらごぼう。
シンプルな材料でも、せいろが勝手においしくしてくれます。

蒸し時間
中強火
7 min.

敷物　クッキングシート

材料（せいろ直径21cm・1段／2人分）

にんじん…1/2本
ごぼう…1本（130g）
ごま油…大さじ1
白いりごま…大さじ2
A
　みりん…大さじ1
　塩…小さじ1
　鶏ガラスープの素…小さじ1/4

作り方

1. にんじんとごぼうは食べやすい長さのせん切りにする。ごぼうは水にさらし、あく抜きをする。
2. クッキングシートを敷いたせいろに❶を入れて A を加え、ふたをして中強火で7分蒸す。
3. よく混ぜて器に盛り、ごまをふり、ごま油を回しかける。

コチュジャンとケチャップでヤンニョム風に！

しゃくしゃくのヤンニョムきのこ

きのこは蒸しすぎないことがポイント。しゃくしゃくした食感も楽しめるピリ辛レシピです。辛さは七味で調整してください。

蒸し時間　中強火 5 min.

敷物　クッキングシート

材料（せいろ直径21cm・1段／2人分）

好みのきのこ（えのきたけ、エリンギ、しめじなど）…200g
ごま油・七味とうがらし…各小さじ1

A
　ケチャップ…大さじ2
　しょうゆ…小さじ2
　コチュジャン…小さじ1 1/2
　おろしにんにく…小さじ1

作り方

1. きのこはそれぞれ石づきを切り落とし、ほぐしておく。
2. クッキングシートを敷いたせいろに❶を入れ、混ぜ合わせた**A**を回しかけ、ふたをして中強火で5分蒸す。
3. 蒸しあがったら、全体をよく混ぜて器に盛り、ごま油を回しかけ、七味をふる。

Chapter 2　1年中せいろレシピ：「副菜」

明太子とクリームチーズがとろ〜り

明太クリチー詰めアボカドの牛肉巻き

蒸し時間 中強火 5 min.

蒸しすぎないほうが明太子の生の食感も楽しめる。それぞれ素材の味がしっかりしているのでシンプルにそのまま食べても OK。

敷物　穴を開けたクッキングシート

材料（せいろ直径 21cm・1段／2人分）

アボカド…1 個
明太子…1/2 腹
クリームチーズ…小さじ 2
牛すき焼き用肉…2 枚
しょうゆ・わさび…各適宜

作り方

1. アボカドは半分に切って種をくりぬき、くりぬいた部分に明太子とクリームチーズを詰めて、牛肉で巻く。
2. クッキングシートを敷いたせいろに❶を並べる。ふたをして中強火で 5 分蒸す。
3. 蒸しあがったらそれぞれ半分に切って器に盛る。好みでしょうゆにわさびを溶いて添える。

ちょこんとかわいい

まるごとかぶのえび詰め蒸し

おもてなしにもぴったりな一品。えびはむきえびを使うと下処理不要。
ここで使わなかったかぶの葉は混ぜごはん (P.71) の具にどうぞ！

蒸し時間 中強火 15 min.

敷物　クッキングシート

材料（せいろ直径 21cm・1 段／2〜3 人分）

かぶ…3 個
むきえび…5 尾
青ねぎ…3 本
しょうが…1 片
しょうゆ・ラー油…各適量
A
　片栗粉…大さじ 1 1/2
　塩…小さじ 1/4
　みりん…大さじ 1

作り方

1. かぶは葉を 1cm ほど残して切り落とし、底が安定するよう下部を薄く切り落とす。さらに上部を 1cm ほど切り落として、飾りぶた用にとっておき、中身はスプーンでくりぬく。青ねぎは小口切りにし、しょうがはせん切りにする。

2. かぶの中身とえびを包丁で叩き、ボウルに入れる。青ねぎ、A を加えて揉みながら混ぜ、かぶの中にスプーンで押し込むようにギュッと詰める。

3. クッキングシートを敷いたせいろに 2 を並べ、しょうがをちらし、空いたところに飾りぶたを入れる。ふたをして中強火で 15 分蒸す。

4. 蒸しあがったらしょうゆ、ラー油をかける。

Chapter 2　1年中せいろレシピ：「副菜」

ほっとおなかがあたたまる

蒸し豆腐のきのこあんかけ

きのこの旨みたっぷりのあんをかけて、上にのせた梅干しを
崩しながらいただきます。大根おろしも蒸すとほんのり甘くなります。

蒸し時間　中強火 5 min.

敷物　さらし、耐熱皿

材料（せいろ直径21cm・1段／1人分）

絹豆腐…1/2丁
大根…10cm
梅干し…1個
＜きのこあん＞
　なめこ…1袋
　えのきたけ…1/2袋
　しょうが…1片
A
　しょうゆ・みりん…各大さじ1
　水…60〜80ml
　片栗粉…小さじ1

作り方

① 大根はすりおろす。耐熱皿に豆腐を入れ、大根おろし、梅干しをのせる。さらしを敷いたせいろに入れ、ふたをして中強火で5分蒸す。

② 蒸している間にえのきは石づきを除いてざく切り、しょうがはせん切りにする。

③ 鍋にA、なめこ、②を入れて中火にかけ、とろみがつくまで煮立たせる。

④ ①が蒸しあがったら③のきのこあんをかける。

ふわっむちっな新食感

とろたまあんかけ

すりおろした長いもを卵に加えて蒸しあげます。長いものかわりに、
市販のとろろでも大丈夫。あんにしいたけやえのきを入れてもおいしい！

蒸し時間 中強火 10 min.

敷物 さらし、耐熱皿

材料（せいろ直径21cm・1段／1人分）

長いも…4cm
卵…1個
青ねぎ…適量
A
| みりん…大さじ1
| 塩…ふたつまみ
<あん>
　かに風味かまぼこ…2本
B
| しょうゆ・みりん・片栗粉
　　・鶏ガラスープの素…各小さじ1
| 水…100ml

作り方

① 長いもはすりおろし、青ねぎは小口切りにする。耐熱皿に長いも、卵、**A**を混ぜ合わせる。さらしを敷いたせいろに入れ、ふたをして中強火で10分蒸す。

② フライパンにかに風味かまぼこを手でさきながら入れ、**B**を加えて煮立たせる。

③ ①が蒸しあがったら、②のあんをかけ、青ねぎをちらす。

Chapter **2**　1年中せいろレシピ：「主菜」

一度に蒸すだけで完成！

せいろでがっつりビビンパ

蒸し時間 中強火 **12** min.

ビビンパって、いろんな材料を切って、順番に炒めて味つけして…
と、けっこうな手間ですよね。せいろなら一気に作れるし、
炒め油を使わないのでその分ヘルシー！

敷物
クッキングシート

材料（せいろ直径21cm・1段／1人分）

牛こま切れ肉…80g
玉ねぎ…1/4個
にんじん…1/3本
にら…3本
もやし…ひとつかみ
キムチ…適量
温泉卵…1個
ごはん…どんぶり1杯分

A
| コチュジャン・しょうゆ・みりん… 各小さじ1
| 砂糖・おろしにんにく…各小さじ1/4

B
| 鶏ガラスープの素・ごま油…各小さじ1

作り方

1. 玉ねぎは薄切り、にんじんは3cm長さのせん切りにし、にらは3cm長さに切る。
2. せいろにクッキングシートを2枚敷き、スペースを2つに分ける。片方には牛肉と玉ねぎを入れて**A**を回しかける。もう片方には、にんじん、にら、もやしを入れて**B**を回しかけ、ふたをして中強火で12分蒸す。
3. 蒸しあがったらごはんにのせ、キムチ、温泉卵を添える。

〈 お部屋は2つ 〉 〈 それぞれ味つけするよ〜 〉 〈 たっぷりのっけて 〉 〈 最後は卵! 〉

Chapter 2　1年中せいろレシピ：「主菜」

どーんと見た目も楽しい

まるごとかぼちゃカレー

食べるときはかぼちゃを崩しながら中の具材と混ぜて。
かぼちゃの甘みがありながら、しっかり辛さも感じます。

蒸し時間　中強火 **40** min.

敷物　クッキングシート

材料（せいろ直径21cm・2段／2人分）

かぼちゃ…小1個
鶏ひき肉…40g
しめじ…1/3パック
なす…1本
玉ねぎ…1/4個
ミニトマト…2個
ナン…2枚
A
　ケチャップ…大さじ2
　カレー粉…小さじ2
　しょうゆ・みりん・バター
　　…各小さじ1
　鶏がらスープの素…小さじ1/2
　塩…小さじ1/4

作り方

① かぼちゃは、ヘタを下向きにしてせいろに入れ、ふたをして中強火で10分蒸す。

② 蒸している間に、しめじと野菜を一口大のざく切りにしてボウルに入れ、ひき肉、**A** を加えて混ぜる。

③ ①が蒸しあがったら、やけどに注意しながら取り出し、ヘタから2cmのところを切り落とし、飾りぶた用にとっておく。かぼちゃのわたと種をスプーンでくりぬき、中に②を詰める。

④ ③をせいろに入れ、ふたをして中強火で蒸し始める。途中で4回ほど、ふたを開けて中の具材に火が通るまでかき混ぜる。15分ほど蒸したら飾りぶたを取り出し、さらに10分蒸す。別のせいろにクッキングシートを敷いてナンを入れ、上に重ねてさらに5分蒸す。

おにぎりにするのもおすすめ！

かぶの葉の混ぜごはん

何年も作り続けているお気に入りの混ぜごはんは一生もののおいしさ！
野菜は蒸しすぎないほうが、シャキシャキ食感で鮮やかな色合いに。

蒸し時間 中強火 **5** min.

敷物 さらし

材料（せいろ直径 21cm・1 段／ 2 人分）

ごはん…1 合分
かぶの葉…3 個分
にんじん…1/3 本
長ねぎ…15cm
しめじ…2/3 パック
しょうが…2 片

A
| かつおぶし…1 袋（2g）
| 白いりごま…大さじ 2
| しょうゆ…大さじ 1
| ごま油…小さじ 1
| 塩…小さじ 1/4
| 七味とうがらし …適量

作り方

1. かぶの葉、しめじ、長ねぎは粗みじん切り、にんじんは細切り、しょうがはせん切りにする。
2. さらしを敷いたせいろに ① を入れ、ふたをして 5 分蒸す。
3. かために炊いたごはんに ②、A を加え、よく混ぜる。

Chapter 2　1年中せいろレシピ：「主菜」

コロンとかわいい

たけのことみょうがの肉巻きおにぎり

蒸し時間　中強火 10 min.

生のお肉を巻いてから蒸すと、きゅっと縮まって、
きれいに丸まったおにぎりに。上にのせた梅干しもかわいい。

敷物　穴を開けたクッキングシート

材料（せいろ直径 21cm・1 段／2 人分）

ごはん…1 合分
豚バラ薄切り肉…8 枚
みょうが…2 本
たけのこ（水煮）…100g
梅干し…2 個
塩・白いりごま…各適量
A
　白いりごま…大さじ 2
　しょうゆ…小さじ 2
　塩…小さじ 1/2

作り方

1. みょうがとたけのこは粗く刻む。梅干しは種を除いて、粗く刻む。
2. ごはんにみょうが、たけのこ、A を加えてよく混ぜ、8〜10 等分する。
3. ❷を丸め、豚肉を巻きつけて、クッキングシートを敷いたせいろに並べ、ふたをして中強火で 10 分蒸す。
4. 蒸しあがったら器に盛り、梅干しをのせ、塩、ごまをふる。

蒸すと玉ねぎが甘い

シンプル卵チャーハン

炒めないのでチャーハンっていうのには少し違和感がありますが…（笑）。
かために炊いた冷やごはんを使うとべちゃっとならない！

蒸し時間
中強火
10 min.

敷物　クッキングシート

材料（せいろ直径 21cm・1 段／ 1 〜 2 人分）

ごはん…1/2 合分
玉ねぎ…1/4 個
豆苗…ひとつかみ
卵…1 個
A
　ごま油…大さじ 1
　塩・鶏がらスープの素…各小さじ 1/4
　こしょう…少々

作り方

1. 玉ねぎはみじん切りにする。卵は割りほぐしておく。
2. クッキングシートを敷いたせいろにごはん、玉ねぎを入れて、溶き卵を回しかけ、ふたをして中強火で 10 分蒸す。
3. 蒸しあがったら豆苗をキッチンばさみで切りながらちらし、**A** を加えてよく混ぜる。

Chapter 2　1年中せいろレシピ：「仕込みおき」

味しみお肉がやわらかい！

常備したい。豚のしょうが蒸し

帰ってきて蒸すだけですぐに食べられる仕込みおきレシピ。
冷蔵庫で3日間もつので、作りおきにもおすすめです。

蒸し時間
中強火
10 min.

敷物　クッキングシート

材料（せいろ直径21cm・1段／1人分）

豚ロース薄切り肉…4枚
しょうが…2片
キャベツ…1/4玉
マヨネーズ…大さじ1
A
　しょうゆ…大さじ3
　みりん…大さじ2
　砂糖…小さじ1

※仕込みおきの保存期間は冷蔵で3日間。

作り方

1. しょうがはみじん切りにする。ジッパーつき保存袋に豚肉、しょうが、**A**を入れ、軽く揉んでから冷蔵庫に入れ、一晩以上おく。
2. ①を袋から出してクッキングシートを敷いたせいろに入れ、ふたをして中強火で10分蒸す。
3. 蒸している間にキャベツをせん切りにする。蒸しあがったら器に盛り、キャベツ、マヨネーズを添える。

韓国風もせいろにおまかせ！

牛肉とトッポギの韓国風蒸し

これ1品でお肉も野菜も炭水化物もとれて大満足！
蒸すことによって、もちもちの食感になったトッポギがおいしい。

蒸し時間 中強火 **10** min.

敷物 クッキングシート

材料（せいろ直径21cm・1段／2人分）

牛こま切れ肉…100g
トッポギ…20本
長ねぎ…1/4本
大根…5cm
にんじん…1/3本
しょうゆ…大さじ2
みりん…大さじ1 1/2
コチュジャン…小さじ1
豆板醤…小さじ1/2

※仕込みおきの保存期間は冷蔵で3日間。

作り方

1. にんじんは輪切り、大根は細切り、長ねぎは斜め切りにする。ジッパーつき保存袋に材料をすべて入れ、軽く揉んでから冷蔵庫に入れて一晩以上おく。

2. ①を袋から出してクッキングシートを敷いたせいろに入れ、ふたをして中強火で10分蒸す。

Chapter 2　1年中せいろレシピ：「仕込みおき」

卵も玉ねぎもとろっと至福！

激うま親子丼

鶏肉がびっくりするほどやわらかく仕上がる！
卵は半熟になるように様子を見ながら加熱してください。

蒸し時間　中強火 **16** min.

敷物　クッキングシート

材料（せいろ直径21cm・1段／1～2人分）

鶏もも肉…1枚
玉ねぎ…1/2個
卵…2個
みりん…小さじ1
塩…ひとつまみ
ごはん…どんぶり1～2杯分
A
　みりん…大さじ2
　塩…小さじ1
　鶏がらスープの素…小さじ1/4

※仕込みおきの保存期間は冷蔵で3日間。

作り方

1. 玉ねぎは薄切りにし、鶏肉は一口大に切る。ジッパーつき保存袋に入れ、Aを加えてよく揉んでから冷蔵庫に入れ、一晩以上おく。
2. 卵を割りほぐし、みりんと塩を加える。①を袋から出し、クッキングシートを敷いたせいろに入れ、ふたをして中強火で蒸し始める。15分たったら溶き卵を加え、さらに1分蒸す。
3. 蒸しあがったらごはんにかける。

超簡単なのに旨み爆発！

とろける豚丼

コクのあるみそ味の絶品豚丼。仕込みおきがあれば、食べたいとき蒸すだけで完成！ 2〜3日おくと味がしみてよりおいしいです。

蒸し時間 中強火 **20** min.

敷物 クッキングシート

材料（せいろ直径21cm・1段／2人分）
豚バラかたまり肉…200g
かぶ…1個
にら…4本
しょうが…大1片
にんにく…1片
卵黄…2個
長ねぎ…適量
白いりごま…適量
ごはん…どんぶり2杯分
A
| みそ・みりん…各大さじ3
| しょうゆ…大さじ1

※仕込みおきの保存期間は冷蔵で3日間。

作り方

1. 豚肉は1cm幅、かぶはくし形、にらは3cm長さに切る。しょうがはせん切りにし、にんにくはつぶしておく。
2. ジッパーつき保存袋に❶、Aを入れてよく揉み込み、冷蔵庫で一晩以上おく。
3. ❷を袋から出し、クッキングシートを敷いたせいろに入れ、ふたをして中強火で20分蒸す。蒸している間に長ねぎをみじん切りにする。
4. 蒸しあがった❸を汁ごとごはんにかけ、卵黄をのせ、長ねぎをちらし、ごまをふる。

Chapter **2** 1年中せいろレシピ：「おやつ」

クリームチーズでねっとり濃厚に

チーズプリン

プリンって家にある材料で作れるし、
夜作っておけば次の日が楽しみ！
クリームチーズを入れて、より濃厚な味に仕上げます。

蒸し時間　中弱火 10 min.

敷物
耐熱容器

材料（せいろ直径21cm・1段／直径15cm×高さ3cmの耐熱容器1個分）

クリームチーズ…70g
砂糖…18g
卵…1個
牛乳…100ml
A
| 砂糖…50g
| 水…大さじ2

作り方

1. クリームチーズは耐熱容器に入れてからせいろに入れ、ふたをして中強火で2分蒸す。やわらかくなったら、せいろから取り出してボウルに入れ、砂糖を加えて泡立て器でなめらかになるまで混ぜる。

2. 耐熱容器に牛乳を注ぎ、せいろに入れて余熱で温めておく。❶のボウルに卵を加えてダマがなくなるまでよく混ぜ、温めておいた牛乳を少しずつ加えながらさらに混ぜる。

3. ❷を茶こしなどでこしながら別の耐熱容器に注ぎ入れ、せいろに入れる。ふたを少しずらしてのせて隙間を作り、中弱火で10分蒸す。

4. 火を止めて、ふたをし、10～15分ほど余熱で蒸らす。せいろから取り出し、冷めたら冷蔵庫で5時間以上冷やす。

5. カラメルソースを作る。フライパンに**A**を入れて中火にかけ、茶色になるまでフライパンを揺らしながら煮詰め、❹にかける。

早く寝ようと思っていたのに

夜のスイーツ作りが止められない

ふたの隙間がポイント

昨日の私ありがとう！

Chapter 2　1年中せいろレシピ：「おやつ」

とろけるりんごとバターが幸せの味

まるごとりんごの蒸すだけおやつ

蒸し時間　中強火 **20** min.

ただ蒸すだけなのに、やわらかくて甘い味わいと香りに癒される。
品種によって蒸しあがりが異なるので様子を見ながら加熱してください。

敷物　なし

材料（せいろ直径21cm・1段／2人分）

りんご…1個
砂糖…小さじ1
バター…8g
シナモンパウダー…適宜

作り方

1. りんごはよく洗って半分に切り、スプーンで種をくりぬく。
2. 種を除いたところにバターと砂糖を半量ずつのせ、せいろに入れてふたをし、中強火で20分ほど果肉がトロッとするまで蒸す。
3. 蒸しあがったら器に盛り、好みでシナモンパウダーをふる。

もちもちツルンのかわいいおだんご

あんだんご

蒸したては味も食感も格別…！ きなこやみたらしあんもおいしいです。
蒸しすぎるとべちゃっとなるので注意！

蒸し時間 中強火 **10** min.

敷物 さらし

材料（せいろ直径21cm・1段／12個分）

上新粉…100g
塩…ひとつまみ
熱湯…120ml〜
あんこ…適量

作り方

1. ボウルに上新粉、塩を入れ、こねながら熱湯を少しずつ加えていき、粉っぽさがなくなり、全体が1つにまとまり、耳たぶぐらいのやわらかさになるまでよくこねる。
2. ざっくり12等分にし、手に水をつけながら丸める。さらしを濡らしてかたく絞り、せいろに敷く。丸めただんごをくっつかないよう均等に間隔を空けて並べる。ふたをして中強火で10分蒸す。
3. 器に盛り、あんこをのせる。

Chapter 3

一気に最大5品完成！

せいろで同時調理レシピ

色とりどりの小さなおかずが並ぶ食卓、憧れますよね。
一品一品作るのは大変ですが、せいろを使えば、一気に
何品もできるんです。この章では1つのせいろで同時に最
大5品が完成する、とっておきのレシピを紹介します。

Chapter 3 せいろで同時調理レシピ

いろんなおかずをちょっとずつ

和風5品献立

熱々のおかずを何品も同時に完成させるのはたいへんですが、せいろなら一気に5品作れる！2人分作りたいときは、同じものをもう1段重ねて、プラス3分蒸してください。

蒸し時間　中強火　7 min.

敷物　クッキングシート、ベーキングカップ、アルミカップ（または製菓用シリコンカップ）、耐熱容器

材料（せいろ直径21cm・1段／1人分）

❶ たらのみりん蒸し
たら…1切れ
長ねぎ…1/3本
A
| みりん…大さじ2
| 塩…適量

❷ にんじんの白和え
にんじん…40g
B
| 絹豆腐…大さじ2
| すりごま…大さじ1
| みりん…小さじ1
| 塩…小さじ1/4

❸ 鬼まんじゅう
さつまいも…50g
砂糖…小さじ1
塩…ひとつまみ
米粉…20g
みりん…大さじ1

❹ なすみそ蒸し
なす…小1本
C
| みそ・みりん…各大さじ1
| 砂糖…小さじ1/2
| 七味とうがらし…適量

❺ 小松菜のおひたし
小松菜…1株
しょうゆ…小さじ1
かつおぶし…ひとつまみ

❸ さつまいもは1cm角に切り、砂糖、塩をまぶして10分程度おき、水分を出す。米粉、みりんを加えて混ぜ、ベーキングカップを敷いたアルミカップまたはクッキングシートにのせる。

❷ にんじんは細切りにし、Bを混ぜ合わせて耐熱容器に入れる。

❶ 長ねぎは斜め薄切りにする。クッキングシートにねぎを広げ、たらをのせてAをふる。

❹ なすは輪切りにし、Cを和えて、クッキングシートにのせる。

❺ 小松菜は食べやすい長さに切る。

作り方

❶～❹をせいろに並べ、空いているところに❺を詰める。ふたをして中強火で7分蒸す。蒸しあがったら❺を取り出し、かつおぶしをのせ、しょうゆをかける。

Chapter 3 せいろで同時調理レシピ

休日のブランチにもおすすめ

洋風5品プレート

ホテルの朝食みたいなワンプレートが一度に作れる！
5品を一度に蒸すので、加熱ムラができないよう、
野菜はなるべく同じくらいのサイズに切ってください。

蒸し時間　中強火 **7** min.

敷物　クッキングシート、耐熱容器

材料（せいろ直径21cm・1段／1〜2人分）

❶ スクランブルエッグ
卵…1個
バター…8g

**❷ 蒸しウインナーの
　マスタード和え**
ウインナーソーセージ…3本
マスタード…大さじ1

❸ 野菜オイル蒸し
ブロッコリー…4房
ミニトマト…4個
エリンギ…1本
A
　塩…ふたつまみ
　こしょう…適量
　オリーブオイル…大さじ1

❹ 大人のポテサラ
じゃがいも…2個
B
　レーズン…適量
　マヨネーズ・牛乳
　　…各大さじ2
　塩…ふたつまみ
　こしょう…適宜

❺ ロールパン
ロールパン…2個

❶ 耐熱容器に卵を割りほぐし、バターを加える。

❷ ソーセージは食べやすい大きさに切る。

❸ ブロッコリー、ミニトマト、乱切りにしたエリンギをクッキングシートにのせ、**A**をかける。

❹ じゃがいもは一口大に切る。

作り方

❶〜❺をせいろに並べ、ふたをして中強火で7分蒸す。蒸しあがったら❶はふくらんだ卵をフォークでほぐす。❷はマスタードと和える。❹はボウルに入れ、フォークでつぶしながら**B**を加えて和える。

Chapter 3　せいろで同時調理レシピ

せいろでスープも作れちゃう！

中華風5品献立

せいろといえば、やっぱり中華！ 旨みたっぷりなスープもいっしょに、一度で5品作るレシピをご紹介します。花巻の代わりに小さめの肉まんでも。

蒸し時間 中強火 10 min.

敷物 クッキングシート、耐熱容器

材料（せいろ直径21cm・1段／1人分）

❶ 春雨スープ
春雨…10g
かに風味かまぼこ…2本
青ねぎ…1本
しょうが…1片
鶏ガラスープの素…小さじ1/2
酢…小さじ1/4
砂糖…ひとつまみ
水…100ml
ラー油…適宜

❷ 豚肉とパプリカのピリ辛蒸し
豚こま切れ肉…60g
パプリカ(赤・黄)…各1/4個
しめじ…20g
A
　しょうゆ…小さじ2
　みりん…小さじ1
　豆板醤…小さじ1/2

❸ ごま塩豆腐
絹豆腐…1/4丁
塩…小さじ1/4
ごま…適量

❹ スナップえんどうの塩蒸し
スナップえんどう…5本
塩…適量

❺ 花巻
花巻（中華風蒸しパン）…2個

❶ 青ねぎは小口切り、しょうがはせん切りにする。かに風味かまぼこは手でさく。耐熱容器にすべての材料を入れる。

❷ 豚肉、細切りにしたパプリカ、ほぐしたしめじをAと和え、クッキングシートにのせる。

❸ 絹豆腐をクッキングシートにのせ、ごまと塩をふる。

❹ スナップえんどうは縦半分に切る。

作り方

❶～❺をせいろに並べ、ふたをして中強火で10分蒸す。蒸しあがったら❶に好みでラー油をかけ、❹に塩をふる。

Chapter 3　せいろで同時調理レシピ

筋トレメンバーの仲間入り

アスリートのための３品弁当

職場にいる筋トレ男子のお弁当をせいろで再現してみました！
せいろで蒸した野菜は栄養価も高く、
ダイエット中にもおすすめのレシピです。余った卵は朝食にどうぞ。

敷物 クッキングシート

材料（せいろ直径21cm・1段／1人分）

① サラダチキン
鶏むね肉…1枚

② 蒸しブロッコリー
ブロッコリー…1/2株

③ 蒸し卵
卵…3個

① 鶏肉は一口大に切り、クッキングシートにのせる。

② ブロッコリーは小房に分ける。

作り方

①〜③をせいろに並べ、ふたをして中強火で10分蒸す。火を止めて、さらに10分おいたら完成。卵は冷水にとり、殻をむいて半分に切る。チキンとブロッコリーは冷ましてからお弁当箱に詰め、塩、こしょう各適量（分量外）をふる。

せいろがなくても蒸した

蒸し料理の大定番!

蒸し時間
中強火
10 min.

あさりの酒蒸し

シンプルな味つけなのに汁までおいしい貝の酒蒸し。あさりは砂抜き済みのものを使うとかんたんです。浅ざるは直径18cmのものを使っています。

敷物　クッキングシート

材料（2人分）

あさり … 200g
みつば … 1株
しょうが … 1片
にんにく … 1片
A
| しょうゆ … 大さじ1
| みりん … 少々
| 塩 … 適宜

作り方

1. みつばはざく切り、しょうがはせん切り、にんにくは薄切りにする。
2. フライパンに浅ざるをのせ、底が浸からないギリギリまで水を注いで沸騰させる。浅ざるにクッキングシートを敷き、あさり、❶をのせ、**A**を回しかける。ふたをして、中強火で10分蒸す。

いレシピ

フライパンや鍋でできる蒸し料理シリーズ。
空焚きにならないよう、途中様子を見ながら
お湯の量を調節してくださいね。

れんこんシュウマイ

シュウマイ作りは手間がかかりそう…と思う人ほど試してみて。
れんこんの穴に詰めるだけだからかんたん！ 肉だねはフォーク1本で作れます。

敷物　なし

材料（1人分）

れんこん … 3cm
A
　鶏ひき肉 … 50g
　長ねぎ … 8cm
　片栗粉 … 大さじ1
　塩 … 少々
こしょう … 適量
＜つけダレ＞
　しょうゆ・酢・こしょう
　　… 各小さじ1

作り方

1. れんこんは1cm厚さに切り、長ねぎはみじん切りにする。ボウルに**A**を入れてフォークで混ぜ、肉だねを作る。
2. ①の肉だねをれんこんの穴にフォークの背で押しつけるようにしながら詰める。
3. フライパンに浅ざるをのせ、底が浸からないギリギリまで水を注いで沸騰させる。浅ざるに②を並べ、こしょうをふり、ふたをして中強火で15分蒸す。つけダレの材料を混ぜ合わせて添える。

蒸し時間
中強火
15
min.

肉だねを穴に
詰めるだけ！

ずぼらテク満載!

蒸し時間
中強火
15 min.

豆腐シュウマイ

肉だねを豆腐に詰めて、ふわうま! ボウルの代わりに豆腐のパックを使えば、洗い物を減らせます。ずぼらアイデア満載のレシピ!

敷物 クッキングシート

材料（1人分）

木綿豆腐…1/2丁
七味とうがらし…適宜
A
　鶏ひき肉…40g
　青ねぎ…2本
　大葉…4枚
　しょうが…1片
　しょうゆ…小さじ2
　みりん・酢…各小さじ1

作り方

① 豆腐は中央をスプーンでくりぬく。くりぬいた豆腐の中身は、豆腐のパックに入れておく。

② **A**の青ねぎ、大葉、しょうがはみじん切りにする。①の豆腐のパックに**A**の材料をすべて加えてよく混ぜ、くりぬいた豆腐に詰める。

③ フライパンに浅ざるをのせ、底が浸からないギリギリまで水を注いで沸騰させる。浅ざるにクッキングシートを敷き、②をのせてふたをし、中強火で15分蒸す。

④ 器に盛り、好みで七味をふる。

蒸し春雨サラダ

市販のごまダレを使って手軽に作る春雨サラダ。
蒸し野菜を作っている間に生で食べたい野菜を準備しておくと時短が叶う！

敷物 なし

材料（2人分）

春雨 … 20g
にんじん … 3cm
玉ねぎ … 1/4 個
もやし … 1/3 袋
しめじ … 1/3 パック
大根 … 3cm
レタス … 1/4 玉
きゅうり … 1/4 本
ごまダレ … 適量

作り方

1. にんじんは食べやすい長さの細切りにする。玉ねぎは薄切りにする。
2. 鍋にざるをのせ、底が浸からないギリギリまで水を注いで沸騰させる。ざるに❶、もやし、しめじを入れて鍋のふたをのせ、中強火で5分蒸す。春雨は、ざるの下の鍋で袋の表示時間どおりにゆでる。
3. 蒸している間に、大根ときゅうりは食べやすい長さの細切りにする。レタスは食べやすい大きさにちぎる。
4. ボウルに湯をきった春雨、❷の蒸し野菜、❸の生野菜を入れ、ごまダレを回しかけてよく和える。

蒸し時間
中強火 5 min.

冷やしても おいしい

Chapter 4

バリエいろいろ！
せいろの かんたん 定番レシピ

せいろ料理と聞いて真っ先に思い浮かぶのは、どんな料理？ シュウマイや餃子などの点心？ それとも、ふわふわの蒸しパン？ この章では、そんな定番せいろ料理をかんたんに作れるレシピをご紹介。おうちで蒸すと味も格別！

Chapter 4　せいろのかんたん定番レシピ：「点心」

まさに旨みのばくだん！

旨みあふれるきのこシュウマイ

シュウマイの皮の代わりに、えのきをまとわせました。肉だねの中にも
刻んだきのこを入れるのがジュワッと旨みが弾けるポイント！

蒸し時間
中強火
10
min.

敷物　穴を開けたクッキングシート

材料（せいろ直径 21cm・1 段／ 2 人分）

鶏ひき肉…100g
えのきたけ…小 1 袋
エリンギ…1/2 本
しめじ…1/3 パック
しいたけ…1 個
A
　おろししょうが…小さじ 1 1/2
　しょうゆ・みりん…各小さじ 1
　鶏がらスープの素…小さじ 1/2
サラダ油…少量
しょうゆ・練り辛子…各適宜

作り方

1. えのきは粗く刻み、バットに広げておく。残りのきのこ類もすべて粗く刻んでボウルに入れ、ひき肉、**A** を加えてよくこね、肉だねを作る。

2. スプーン 2 本を使って①の肉だねを 6 〜 8 等分に丸め、えのきを広げたバットに落とし入れる。

3. 丸めた肉だねにえのきをまとわせる。クッキングシートにサラダ油を薄くのばし、せいろに敷く。シュウマイを並べ、ふたをして中強火で 10 分蒸す。好みで辛子じょうゆを添える。

プチプチ食感も楽しい

どかわいいとびっこシュウマイ

魚卵の中でもリーズナブルなとびこを使って作る、鮮やかな朱色が映えるシュウマイ。とびこの代わりにしらすをのせてもおいしいです。

蒸し時間 中強火 10 min.

敷物 穴を開けたクッキングシート

材料（せいろ直径21cm・1段／2人分）
シュウマイの皮…6枚
とびこ…スプーン6杯分
A
　むきえび…60g
　豚ひき肉…40g
　玉ねぎ…30g
　えのきたけ…10g
　みりん…大さじ1
　塩…ひとつまみ
サラダ油…少量

作り方

① Aの玉ねぎはみじん切りにし、えびは叩いておく。ボウルにAの材料をすべて入れ、粘りけが出るまでよく混ぜて6等分にする。

② 人差し指と親指で丸をつくり、シュウマイの皮をのせる。スプーンで肉だねを皮の中に押し込み、包みながらにぎって形を整える。

③ クッキングシートにサラダ油を薄くのばし、せいろに敷く。②を並べ、ふたをして中強火で10分蒸す。蒸しあがったらスプーン1杯ずつとびこをのせる。

Chapter 4　せいろのかんたん定番レシピ:「点心」

ほくほくかぼちゃが最高

かぼちゃシュウマイ

つぶしたかぼちゃにはちみつを加え、甘くてやわらかなスイーツ感覚のシュウマイに。とろけるチーズの塩味をアクセントにしました。

蒸し時間　中強火 **15** min.

敷物　穴を開けたクッキングシート

材料（せいろ直径21cm・1段／2人分）

シュウマイの皮…8枚
かぼちゃ…100g
とろけるチーズ…30g
A
　はちみつ…大さじ1
　塩…小さじ1/4
サラダ油…少量

作り方

① かぼちゃは皮つきのままでせいろに入れ、ふたをして中強火で10分蒸す。

② ボウルに蒸しあがった①を入れてつぶし、Aを加えてよく混ぜる。チーズを加え、8等分する。

③ 人差し指と親指で丸をつくり、シュウマイの皮をのせる。スプーンで②を皮の中に押し込み、包みながらにぎって形を整える。

④ クッキングシートにサラダ油を薄くのばし、せいろに敷く。③を並べ、ふたをして中強火で5分蒸す。

口の中でプチッと弾ける旨さ

とうもろこしシュウマイ

とうもろこしが旬の時期にぜひ作ってほしいシュウマイ。コーン缶でも作れますが、その場合は蒸し時間を10分にしてください。

蒸し時間
中強火
20 min.

敷物　穴を開けたクッキングシート

材料（せいろ直径21cm・1段／2人分）

とうもろこし…1本
A
　豚ひき肉…100g
　玉ねぎ…1/4個
　しょうゆ・みりん…各小さじ1
サラダ油…少量

（作り方）

1. とうもろこしは芯から粒をはずして、バットに広げておく。**A**の玉ねぎはみじん切りにする。
2. ボウルに**A**の材料をすべて入れてよくこね、8等分に丸める。
3. ❶のバットに❷を入れて、とうもろこしをまとわせ、ギュッと埋め込むように再度丸める。クッキングシートにサラダ油を薄くのばし、せいろに敷く。シュウマイを並べ、ふたをして中強火で20分蒸す。

Chapter **4** 　せいろのかんたん定番レシピ：「点心」

もっちりおいしい

普通の蒸し餃子

王道の材料で作った「ザ・餃子」。
それでも、とびきりおいしいのは、蒸すことで
お肉と野菜の旨みがぎゅっと凝縮されるから！

蒸し時間
中強火
10 min.

敷物
もやしなど好みの野菜

材料（せいろ直径21cm・2段／2人分）
餃子の皮…20枚
<あん>
　豚ひき肉…100g
　白菜…2枚
　塩…小さじ1/2
　長ねぎ（白い部分）…10cm
　にら…2本
　しいたけ…1個
　おろししょうが・おろしにんにく
　　…各小さじ1
しょうゆ…適宜

作り方

① 白菜はみじん切りにし、塩をもみ込んでしばらくおく。その間に、長ねぎ、にら、しいたけをみじん切りにする。

② 白菜の水けをギュッと絞り、ボウルに入れる。残りのあんの材料をすべて加え、よくこねてあんを作り、20等分にする。

③ 餃子の皮にあんをのせてたたみ、ひだを作って指で押しつぶして留める。好みの野菜を敷いたせいろに餃子を並べ、ふたをして中強火で10分蒸す。好みでしょうゆを添える。

塩もみ白菜を
ギュッと絞る

素手だと洗うのが
大変ですからね

あんをみっちり
詰めて…

無心で包みます

Chapter 4　せいろのかんたん定番レシピ:「点心」

皮がつるんとおいしい

ぷりぷり透明えび春巻き

皮から透けるプリプリのえびがかわいい蒸し春巻き。
ライスペーパーは蒸すと破れやすくなりますが、おいしいから問題なし！

蒸し時間
中強火
5 min.

敷物　キャベツなど好みの野菜

材料（せいろ直径21cm・1段／2人分）

ライスペーパー…4枚
えび…100g
キャベツ…40g
豆苗…20g
A
　みりん・片栗粉…各大さじ1
　塩…小さじ1/4
スイートチリソース…適量

作り方

① えびは4尾を飾り用として取り分け、残りは刻んで叩いておく。キャベツ、豆苗はみじん切りにする。

② ボウルに①、Aを入れ、よくこねて4等分にする。ライスペーパーをさっと水にくぐらせ、飾り用のえび、たねを順にのせる。両端を折りたたみ、手前から巻くように包む。

③ 好みの野菜を敷いたせいろに②を並べ、ふたをして中強火で5分蒸す。蒸しあがったらスイートチリソースを添える。

※蒸しあがりはくずれやすいので、ふたを開けて3分ほど待ってからいただく。

包まないから超簡単！

豚こまと大葉の蒸し棒餃子

左右からパタパタと皮を折りたたむだけで作れる楽ちん餃子。さらに蒸し時間も5分と短い！棒餃子の形になれば、具材はなんでもOK。

蒸し時間　中強火 **5** min.

敷物　穴を開けたクッキングシート

材料（せいろ直径21cm・2段／2人分）

餃子の皮…8枚
豚こま切れ肉…100g
大葉…8枚
しめじ…50g
＜タレ＞
　長ねぎ…1/3本
　塩・酢・鶏がらスープの素
　　…各小さじ1/2
　こしょう…適量
　水…大さじ2
　ごま油…小さじ2
サラダ油…少量

作り方

1. しめじは石づきを切り落としほぐしておく。餃子の皮に、大葉、豚肉、しめじを順にのせ、片側を折りたたんで水をつけ、反対側を重ねるように折りたたむ。
2. クッキングシートにサラダ油を薄くのばし、せいろに敷く。①を並べてふたをし、中強火で5分蒸す。
3. 蒸している間にタレの材料の長ねぎをみじん切りにしてボウルに入れる。残りの材料をすべて加えて混ぜ、蒸しあがった②に添える。

Chapter 4 　せいろのかんたん定番レシピ：「米粉の蒸しパン」

ふわふわが幸せ

はちみつ蒸しパン

やさしい味わいに仕上げた蒸しパン。生地は材料を1種類ずつ
ボウルに加え、しっかり混ぜてから次の材料を入れると失敗しません。

蒸し時間
中強火
10〜15 min.

敷物　さらし、耐熱容器（小さい器に分けてもOK）

材料（直径せいろ21cm・1段／直径15cm
×高さ6.5cmの耐熱容器1個分）

米粉…100g
豆乳…60ml〜
卵…1個
好みの油（太白ごま油など）
　…10g
はちみつ…50g
ベーキングパウダー
　…小さじ1
くるみ…適量

米粉について

米粉は、商品によって水分量が異なるので、P106〜108の
レシピの材料の豆乳や牛乳、水の分量は、生地の様子を見
ながら調整してください。泡立て器で持ち上げたとき、生地の
表面に一瞬跡が残るくらいのもったりさが目安です。蒸しあが
りは、竹串などを刺して、生地がついてこなければ完成。

作り方

1. ボウルに卵、油、はちみつを順に入れ、その
都度、泡立て器でよく混ぜる。豆乳を加えて
混ぜ、さらに米粉を加えて混ぜる。

2. ベーキングパウダーを加えて素早く混ぜ、耐
熱容器に流し入れて、くるみを手で割りながらのせる。

3. さらしを敷いたせいろに入れ、ふたをして中強火で15分（小さい器に分けて蒸す場合は10分）蒸す。

クリーミーで濃厚なのにさわやか

チーズ蒸しパン

クリームチーズをたっぷり入れた濃厚な生地にレモンをきかせて
さわやかに仕上げました。飾りのレモンも蒸すと酸っぱくない！

蒸し時間 中強火 15 min.

敷物 耐熱容器、ベーキングカップ、アルミカップ

材料（せいろ直径 21cm・1段／直径 7cm × 高さ 4.5cm の耐熱容器 4 個分）

卵…1 個
砂糖…30g
塩…ひとつまみ
米粉…80g
レモン汁…小さじ2
ベーキングパウダー
　…小さじ 1
レモン…輪切り 1/2 枚分

A
｜クリームチーズ…80g
｜とろけるチーズ…20g
｜粉チーズ…小さじ 1
｜バター…8g
｜牛乳…40ml 〜

作り方

① レモンは 4 等分にする。耐熱容器に **A** を入れ、せいろに入れてふたをして中強火で 2 〜 3 分蒸してやわらかくする。蒸している間に、ボウルに卵、砂糖、塩を加えよく混ぜる。

② やわらかくした **A**、レモン汁をボウルに加えて泡立て器でよく混ぜ、さらに米粉を加えてダマがなくなるまで混ぜる。

③ ベーキングパウダーを加え、素早く混ぜ、カップに入れてレモンをのせる。ふたをして中強火で 15 分蒸す。

Chapter 4　せいろのかんたん定番レシピ：「米粉の蒸しパン」

ほっこり懐かしい味

きなこ蒸しパン

きなこの香ばしい香りが広がる蒸しパン。甘さ控えめでどこか懐かしい。
使う油は好みのものでOKです。おすすめはクセがない太白ごま油。

蒸し時間
中強火
10 min.

敷物　耐熱容器

材料（せいろ直径21cm・1段／直径8cm ×高さ5.5cmの耐熱容器2個分）

米粉…60g
きな粉…30g
卵…1個
砂糖…30g
塩…ひとつまみ
好みの油（太白ごま油など）…30g
水…60ml〜
ベーキングパウダー…小さじ1

作り方

① ボウルに卵を割り入れ、砂糖を加えて泡立て器でよく混ぜる。油、水を順に加え、その都度よく混ぜる。

② 米粉、きな粉、塩を加え、ダマがなくなり滑らかになるまで混ぜる。ベーキングパウダーを加え、素早く混ぜて耐熱容器に流し入れる。

③ せいろに入れ、ふたをして中強火で10分蒸す。

ふんわりねぎ香る

ふわもちねぎ蒸しパン

「蒸しパンにねぎ！？」と思うかもしれませんが、塩けのある生地に甘みを増したねぎがすんごくおいしいのです…。主食代わりにしても。

蒸し時間　中強火　10〜15 min.

敷物　耐熱容器（小さい器に分けてもOK）

材料（せいろ直径21cm・1段／13cm×13cm×高さ3.5cmの耐熱容器1個分）

米粉…70g
片栗粉…10 g
長ねぎ…1/4 本
塩…小さじ 1/4 弱
黒こしょう…好きなだけ
A
　好みの油（太白ごま油など）
　　…25g
　豆乳…100ml 〜
　ベーキングパウダー…小さじ 1

作り方

1. 長ねぎは小口切りにする。ボウルに A 以外の材料をすべて入れて混ぜ合わせる。
2. A を加えて泡立て器でさらに混ぜる。ベーキングパウダーを加えて混ぜたら耐熱容器に流し入れる。
3. せいろに入れ、ふたをして中強火で 15 分（小さい器に分けて蒸す場合は 10 分）蒸す。

食材別 INDEX

本書のレシピで使用した主な食材を一覧にしました。

肉・肉加工品

【肉】
● 牛肉
- せいろですき蒸し …………………… 46
- 明太クリチー詰めアボカドの牛肉巻き …………………………………… 64
- せいろでがっつりビビンパ ………… 68
- 牛肉とトッポギの韓国風蒸し …… 75

● 鶏肉
- からだ整いごはん…………………… 14
- ほっとやさしい鶏キャベ蒸し …… 16
- じゅわっと蒸し鶏 ………………… 36
- タレにつけて食べる蒸し鶏串 …… 38
- 季節野菜の蒸し浸し ……………… 60
- 激うま親子丼 ……………………… 76
- アスリートのための3品弁当 …… 90

● 豚肉
- エリンギ肉巻きと蒸し野菜 ……… 20
- 蒸しサムギョプサル ……………… 22
- 独占したい大人の肉じゃが ……… 40
- かんたんなのに極上の豚バラと大根のミルフィーユ蒸し ………… 42
- 無限に食べたい麻辣春雨 ………… 48
- 蒸し回鍋肉 ………………………… 49
- まるごとレタスのせいろ蒸し …… 54
- 小松菜リボンの肉巻き …………… 59
- ドレスみたいな肉巻きミニトマト … 61
- たけのことみょうがの肉巻きおにぎり …………………………………… 72
- 常備したい。豚のしょうが蒸し … 74
- とろける豚丼 ……………………… 77
- 中華風5品献立 …………………… 88
- 豚こまと大葉の蒸し棒餃子 ……105

● ひき肉
- 鶏ひきと白菜の塩レモン重ね蒸し … 39
- みつばのふわふわ鶏団子 ………… 44
- とにかくかわいいロールレタス … 45
- まるごとかぼちゃカレー ………… 70
- れんこんシュウマイ ……………… 93
- 豆腐シュウマイ …………………… 94
- 旨みあふれるきのこシュウマイ … 98
- どかわいいとびっこシュウマイ … 99
- とうもろこしシュウマイ …………101
- 普通の蒸し餃子 …………………102

【肉加工品】
● ウインナーソーセージ
- ソース蒸しそば …………………… 18
- とろ〜リチーズのせいろフォンデュ … 50
- 洋風5品プレート ………………… 86

● ハンバーグ
- 冷凍ハンバーグ …………………… 32

魚介・海藻・魚介加工品

【魚介】
● あさり
- あさりの酒蒸し …………………… 92

● えび
- まるごとかぶのえび詰め蒸し …… 65
- どかわいいとびっこシュウマイ … 99
- ぷりぷり透明えび春巻き …………104

● 鮭
- 鮭のバターしょうゆ蒸し ………… 53

● たら
- 和風5品献立 ……………………… 84

【魚介加工品】
● かつおぶし
- ツナチー玉ねぎのまるごと蒸し … 57
- かぶの葉の混ぜごはん …………… 71
- 和風5品献立 ……………………… 84

● かに風味かまぼこ
- とろたまあんかけ ………………… 67
- 中華風5品献立 …………………… 88

● さば缶
- さば缶トマト蒸し ………………… 52

● ツナ缶
- ツナチー玉ねぎのまるごと蒸し … 57

● とびこ
- どかわいいとびっこシュウマイ … 99

● はんぺん
- みつばのふわふわ鶏団子 ………… 44

● 明太子
- 明太クリチー詰めアボカドの牛肉巻き …………………………………… 64

【海藻】
● 海苔
- ソース蒸しそば …………………… 18
- おもち ……………………………… 28

野菜・きのこ・いも類・野菜加工品・果物

【野菜・きのこ・いも類】
● えのきたけ
- 小松菜リボンの肉巻き …………… 59
- しゃくしゃくのヤンニョムきのこ … 63
- 蒸し豆腐のきのこあんかけ ……… 66
- 旨みあふれるきのこシュウマイ … 98
- どかわいいとびっこシュウマイ … 99

● エリンギ
- エリンギ肉巻きと蒸し野菜 ……… 20
- 蒸しサムギョプサル ……………… 22
- しゃくしゃくのヤンニョムきのこ … 63
- 洋風5品プレート ………………… 86
- 旨みあふれるきのこシュウマイ … 98

● 大葉
- ほっとやさしい鶏キャベ蒸し …… 16
- 蒸しサムギョプサル ……………… 22
- 冷凍うどん ………………………… 30
- さば缶トマト蒸し ………………… 52
- 季節野菜の蒸し浸し ……………… 60
- 豆腐シュウマイ …………………… 94
- 豚こまと大葉の蒸し棒餃子 ………105

● オクラ
- かんたんなのに極上の豚バラと大根のミルフィーユ蒸し ………… 42

● カリフラワー
- からだ整いごはん…………………… 14
- とろ〜リチーズのせいろフォンデュ … 50

● かぶ
- 蒸し野菜と生野菜を堪能するパスタサラダ ……………………… 24
- まるごとかぶのえび詰め蒸し …… 65
- かぶの葉の混ぜごはん …………… 71
- とろける豚丼 ……………………… 77

● かぼちゃ
- スティック温野菜ごまみそディップ … 26
- レトルトカレー …………………… 33
- とろ〜リチーズのせいろフォンデュ … 50
- まるごとかぼちゃカレー ………… 70
- かぼちゃシュウマイ ………………100

● キャベツ
- ほっとやさしい鶏キャベ蒸し …… 16
- ソース蒸しそば …………………… 18
- 蒸し回鍋肉 ………………………… 49
- 常備したい。豚のしょうが蒸し … 74
- ぷりぷり透明えび春巻き …………104

● きゅうり
- 蒸し野菜と生野菜を堪能するパスタサラダ ……………………… 24
- 蒸し春雨サラダ …………………… 95

● ごぼう
- エリンギ肉巻きと蒸し野菜 ……… 20
- スティック温野菜ごまみそディップ … 26
- きんぴらごぼう …………………… 62

● 小松菜
- 小松菜リボンの肉巻き …………… 59
- 和風5品献立 ……………………… 84

● さつまいも
- 蒸し野菜と生野菜を堪能するパスタサラダ ……………………… 24
- 極みさつまいもサラダ …………… 58
- 和風5品献立 ……………………… 84

● しいたけ
- エリンギ肉巻きと蒸し野菜 ……… 20
- みつばのふわふわ鶏団子 ………… 44
- せいろですき蒸し ………………… 46
- 旨みあふれるきのこシュウマイ … 98
- 普通の蒸し餃子 …………………102

● ししとう
- 蒸しサムギョプサル ……………… 22

● しめじ
- からだ整いごはん…………………… 14
- 冷凍うどん ………………………… 30
- しゃくしゃくのヤンニョムきのこ … 63
- まるごとかぼちゃカレー ………… 70
- かぶの葉の混ぜごはん …………… 71
- 中華風5品献立 …………………… 88
- 蒸し春雨サラダ …………………… 95
- 旨みあふれるきのこシュウマイ … 98
- 豚こまと大葉の蒸し棒餃子 ………105

● じゃがいも
- からだ整いごはん…………………… 14
- エリンギ肉巻きと蒸し野菜 ……… 20
- 蒸し野菜と生野菜を堪能するパスタサラダ ……………………… 24
- スティック温野菜ごまみそディップ … 26
- 缶詰 ………………………………… 31
- 冷凍ハンバーグ …………………… 32
- レトルトカレー …………………… 33
- 独占したい大人の肉じゃが ……… 40
- とろ〜リチーズのせいろフォンデュ … 50
- 洋風5品プレート ………………… 86

● 春菊
- 缶詰 ………………………………… 31

● ズッキーニ
- からだ整いごはん…………………… 14
- エリンギ肉巻きと蒸し野菜 ……… 20
- スティック温野菜ごまみそディップ … 26
- 缶詰 ………………………………… 31
- 季節野菜の蒸し浸し ……………… 60
- ドレスみたいな肉巻きミニトマト … 61

● スナップえんどう
- 中華風5品献立 …………………… 88

● 大根
- スティック温野菜ごまみそディップ … 26
- かんたんなのに極上の豚バラと大根のミルフィーユ蒸し ………… 42
- まるごとレタスのせいろ蒸し …… 54
- 蒸し豆腐のきのこあんかけ ……… 66
- 牛肉とトッポギの韓国風蒸し …… 75
- 蒸し春雨サラダ …………………… 95

● たけのこ
- たけのことみょうがの肉巻きおにぎり …………………………………… 72

● 玉ねぎ
- ソース蒸しそば …………………… 18
- 缶詰 ………………………………… 31
- 独占したい大人の肉じゃが ……… 40
- とにかくかわいいロールレタス … 45
- 鮭のバターしょうゆ蒸し ………… 53
- ツナチー玉ねぎのまるごと蒸し … 57
- 季節野菜の蒸し浸し ……………… 60
- せいろでがっつりビビンパ ……… 68
- まるごとかぼちゃカレー ………… 70
- シンプル卵チャーハン …………… 73
- 激うま親子丼 ……………………… 76
- 蒸し春雨サラダ …………………… 95
- どかわいいとびっこシュウマイ … 99
- とうもろこしシュウマイ …………101

● チンゲン菜
- 鮭のバターしょうゆ蒸し ………… 53

● 豆苗
- からだ整いごはん…………………… 14
- エリンギ肉巻きと蒸し野菜 ……… 20
- シンプル卵チャーハン …………… 73
- ぷりぷり透明えび春巻き …………104

● とうもろこし
- 季節野菜の蒸し浸し ……………… 60
- とうもろこしシュウマイ …………101

● トマト
からだ整いごはん……………… 14
蒸し野菜と生野菜を堪能する
　パスタサラダ ……………… 24
冷凍ハンバーグ ………………… 32
とにかくかわいいロールレタス …… 45
さば缶トマト蒸し ………………… 52
季節野菜の蒸し浸し …………… 60
ドレスみたいな肉巻きミニトマト …… 61
まるごとかぼちゃカレー ………… 70
洋風5品プレート ……………… 86
● 長いも
とろたまあんかけ ……………… 67
● なす
なすのまるごと蒸し ……………… 56
季節野菜の蒸し浸し …………… 60
ドレスみたいな肉巻きミニトマト …… 61
まるごとかぼちゃカレー ………… 70
和風5品献立 …………………… 84
● なめこ
蒸し豆腐のきのこあんかけ ……… 66
● にら
無限に食べたい麻婆春雨 ……… 48
せいろでがっつりビビンパ ……… 68
とろける豚丼 …………………… 77
普通の蒸し餃子 …………………102
● にんじん
ソース蒸しそば ………………… 18
蒸しサムギョプサル …………… 22
蒸し野菜と生野菜を堪能する
　パスタサラダ ……………… 24
スティック温野菜ごまみそディップ … 26
冷凍ハンバーグ ………………… 32
レトルトカレー ………………… 33
無限に食べたい麻婆春雨 ……… 48
小松菜リボンの肉巻き ………… 59
季節野菜の蒸し浸し …………… 60
ドレスみたいな肉巻きミニトマト …… 61
きんぴらごぼう ………………… 62
せいろでがっつりビビンパ ……… 68
かぶの葉の混ぜごはん ………… 71
牛肉とトッポギの韓国風蒸し …… 75
和風5品献立 …………………… 84
蒸し春雨サラダ ………………… 95
● ねぎ
エリンギ肉巻きと蒸し野菜 …… 20
冷凍うどん …………………… 30
じゅわっと蒸し鶏 ……………… 36
無限に食べたい麻婆春雨 ……… 48
蒸し回鍋肉 …………………… 49
なすのまるごと蒸し ……………… 56
季節野菜の蒸し浸し …………… 60
まるごとかぶのえび詰め蒸し …… 65
とろたまあんかけ ……………… 67
かぶの葉の混ぜごはん ………… 71
牛肉とトッポギの韓国風蒸し …… 75
とろける豚丼 …………………… 77
和風5品献立 …………………… 84
中華風5品献立 ………………… 88
れんこんシュウマイ …………… 93
豆腐シュウマイ ………………… 94

普通の蒸し餃子 …………………102
豚こまと大葉の蒸し棒餃子 ……105
ふわもちねぎ蒸しパン …………109
● 白菜
鶏ひきと白菜の塩レモン重ね蒸し … 39
普通の蒸し餃子 …………………102
● パプリカ
蒸し野菜と生野菜を堪能する
　パスタサラダ ……………… 24
とろ〜りチーズのせいろフォンデュ … 50
中華風5品献立 ………………… 88
● ピーマン
ソース蒸しそば ………………… 18
エリンギ肉巻きと蒸し野菜 …… 20
タレにつけて食べる蒸し鶏串 …… 38
蒸し回鍋肉 …………………… 49
● ブロッコリー
冷凍ハンバーグ ………………… 32
レトルトカレー ………………… 33
とろ〜りチーズのせいろフォンデュ … 50
洋風5品プレート ……………… 86
アスリートのための3品弁当 …… 90
● まいたけ
かんたんなのに極上の豚バラと
　大根のミルフィーユ蒸し …… 42
鮭のバターしょうゆ蒸し ………… 53
● 水菜
せいろですき蒸し ……………… 46
● みつば
みつばのふわふわ鶏団子 ……… 44
あさりの酒蒸し ………………… 92
● みょうが
ほっとやさしい鶏キャベ蒸し …… 16
たけのことみょうがの肉巻きおにぎり
　……………………………… 72
● もやし
無限に食べたい麻婆春雨 ……… 48
せいろでがっつりビビンパ ……… 68
蒸し春雨サラダ ………………… 95
● レタス
蒸しサムギョプサル …………… 22
蒸し野菜と生野菜を堪能する
　パスタサラダ ……………… 24
とにかくかわいいロールレタス …… 45
まるごとレタスのせいろ蒸し …… 54
蒸し春雨サラダ ………………… 95
● れんこん
れんこんシュウマイ …………… 93

【野菜加工品】
● 梅干し
冷凍うどん …………………… 30
じゅわっと蒸し鶏 ……………… 36
蒸し豆腐のきのこあんかけ ……… 66
たけのことみょうがの肉巻きおにぎり
　……………………………… 72
● キムチ
蒸しサムギョプサル …………… 22
せいろでがっつりビビンパ ……… 68

● しらたき
独占したい大人の肉じゃが …… 40
せいろですき蒸し ……………… 46
【果物】
● アボカド
明太クリチー詰めアボカドの牛肉巻き
　……………………………… 64
● りんご
まるごとりんごの蒸すだけおやつ ……80
● レモン
鶏ひきと白菜の塩レモン重ね蒸し … 39
チーズ蒸しパン …………………107

卵・乳製品・大豆加工品

【卵】
からだ整いごはん……………… 14
せいろですき蒸し ……………… 46
無限に食べたい麻婆春雨 ……… 48
極みさつまいものサラダ ……… 58
とろたまあんかけ ……………… 67
せいろでがっつりビビンパ ……… 68
シンプル卵チャーハン …………… 73
激うま親子丼 …………………… 76
チーズプリン …………………… 78
洋風5品プレート ……………… 86
アスリートのための3品弁当 …… 90
はちみつ蒸しパン………………106
チーズ蒸しパン …………………107
きなこ蒸しパン …………………108

【乳製品】
● 牛乳
チーズプリン …………………… 78
チーズ蒸しパン …………………107
● カマンベールチーズ
とろ〜りチーズのせいろフォンデュ … 50
● クリームチーズ
明太クリチー詰めアボカドの牛肉巻き
　……………………………… 64
チーズプリン …………………… 78
チーズ蒸しパン …………………107
● 粉チーズ
チーズ蒸しパン …………………107
● とろけるチーズ
ツナチー玉ねぎのまるごと蒸し … 57
かぼちゃシュウマイ ……………100
チーズ蒸しパン …………………107
● ベビーチーズ
極みさつまいものサラダ ……… 58

【大豆加工品】
● きなこ
おもち ………………………… 28
きなこ蒸しパン …………………108
● 豆腐
スティック温野菜ごまみそディップ … 26
鶏ひきと白菜の塩レモン重ね蒸し … 39
せいろですき蒸し ……………… 46

蒸し豆腐のきのこあんかけ ……… 66
和風5品献立 …………………… 84
中華風5品献立 ………………… 88
豆腐シュウマイ ………………… 94
● 豆乳
はちみつ蒸しパン………………106
ふわもちねぎ蒸しパン …………109

米・もち・パン・麺

【米】
からだ整いごはん……………… 14
缶詰 …………………………… 31
レトルトカレー ………………… 33
せいろでがっつりビビンパ ……… 68
かぶの葉の混ぜごはん ………… 71
たけのことみょうがの肉巻きおにぎり
　……………………………… 72
シンプル卵チャーハン …………… 73
激うま親子丼 …………………… 76
とろける豚丼 …………………… 77

【もち】
おもち ………………………… 28
牛肉とトッポギの韓国風蒸し …… 75

【パン】
パン …………………………… 29
まるごとかぼちゃカレー ………… 70
洋風5品プレート ……………… 86
中華風5品献立 ………………… 88

【麺】
ソース蒸しそば ………………… 18
蒸し野菜と生野菜を堪能する
　パスタサラダ ……………… 24
冷凍うどん …………………… 30

その他

● あんこ
あんだんご …………………… 81
● 餃子の皮
普通の蒸し餃子 …………………102
豚こまと大葉の蒸し棒餃子 ……105
● くるみ
はちみつ蒸しパン………………106
● シュウマイの皮
どかわいいとびっこシュウマイ …… 99
かぼちゃシュウマイ ……………100
● 春雨
無限に食べたい麻婆春雨 ……… 48
中華風5品献立 ………………… 88
蒸し春雨サラダ ………………… 95
● ライスペーパー
ぷりぷり透明えび春巻き ………104
● レトルトカレー
レトルトカレー ………………… 33

Profile

りよ子

せいろの魅力にとりつかれたOL。2023年4月に始めたInstagramで、すべてを蒸したい気持ちを投稿。冷蔵庫にあるものだけでパパッと作れる簡単レシピが共感を呼び、開始1年半でフォロワー数10万人超えと大人気に。野菜を蒸すだけのシンプルレシピから、一度に主菜と副菜が完成する同時調理レシピ、ごはんもの、スイーツまで、100品以上のレシピを投稿している。夫と2人暮らし。好きなものは透明なもの、アニメ、アサヒスーパードライ。

Instagram：@musu_riyoco

Staff

デザイン	荻原佐織（PASSAGE）
撮影	有賀傑
スタイリング	黒木優子
編集	稲垣飛力里（side dishes）
校正	聚珍社

Special Thanks & Messages from Riyoco

かごや
かご、せいろ、ざるなどの専門店。この本で使用しているせいろは、かごやさんのオリジナル商品です。
https://www.kagoya-onlinestore.jp/

丸優
兵庫県三田市にある受注生産型食肉・ハム加工工場。おいしいお肉を提供してもらいました。
https://maruyu-sanda.com/

夢前夢工房
農薬や化学肥料に頼らない農法の生産者さん。色とりどりの野菜を提供してもらいました。
http://y-yumekoubou.net/

花園たまや
埼玉県深谷市にある鶏卵農場。採れたての新鮮たまごを提供してもらいました。
https://hanazonotamaya.jp/

すべてを蒸したい せいろレシピ

2024年10月8日　第1刷発行
2025年7月8日　第12刷発行

著者	りよ子
発行人	川畑　勝
編集人	中村絵理子
企画編集	田村貴子
発行所	株式会社Gakken
	〒141-8416　東京都品川区西五反田2-11-8
印刷所	株式会社DNP出版プロダクツ
DTP製作	株式会社グレン

●この本に関する各種お問い合わせ先

本の内容については、
下記サイトのお問い合わせフォームよりお願いします。
https://www.corp-gakken.co.jp/contact/

在庫については　　　　　　　　Tel：03-6431-1250（販売部）
不良品（落丁、乱丁）については　Tel：0570-000577　学研業務センター 〒354-0045 埼玉県入間郡三芳町上富279-1
上記以外のお問い合わせは　　　Tel：0570-056-710（学研グループ総合案内）

©Riyoco 2024 Printed in Japan

本書の無断転載、複製、複写（コピー）、翻訳を禁じます。
本書を代行業者等の第三者に依頼してスキャンやデジタル化することは、たとえ個人や家庭内の利用であっても、著作権法上、認められておりません。

複写（コピー）をご希望の場合は、下記までご連絡ください。
日本複製権センター　https://jrrc.or.jp/
E-mail：jrrc_info@jrrc.or.jp
Ⓡ〈日本複製権センター委託出版物〉

学研グループの書籍・雑誌についての新刊情報・詳細情報は、下記をご覧ください。
学研出版サイト　https://hon.gakken.jp/